Sinopses
JURÍDICAS
VOLUME
4

DIREITO CIVIL

CB131003

CARLOS ROBERTO GONÇALVES

Mestre em Direito Civil pela PUC-SP.
Desembargador aposentado do Tribunal de Justiça de São Paulo.
Membro da Academia Brasileira de Direito Civil.

DIREITO CIVIL

DIREITO DAS SUCESSÕES

VOLUME 4

19ª edição
2018

saraiva jur

ISBN 978-85-472-0610-9 obra completa
ISBN 978-85-472-2831-6 volume 4

DADOS INTERNACIONAIS DE CATALOGAÇÃO NA PUBLICAÇÃO (CIP)
ANGÉLICA ILACQUA CRB-8/7057

Gonçalves, Carlos Roberto

Direito civil : direito das sucessões / Carlos Roberto Gonçalves. – 19. ed. – São Paulo : Saraiva Educação, 2018. – (Coleção sinopses jurídicas; v. 4)

1. Direito civil 2. Direito das sucessões I. Título II. Série.

17-1711 CDU 347

Índice para catálogo sistemático:

1. Direito civil 347

somos educação | saraiva jur

Av. das Nações Unidas, 7.221, 1º andar, Setor B
Pinheiros – São Paulo – SP – CEP 05425-902

SAC | 0800-0117875
De 2ª a 6ª, das 8h às 18h
www.editorasaraiva.com.br/contato

Data de fechamento da edição: 22-12-2017

Dúvidas? Acesse www.editorasaraiva.com.br/direito

CL 604696 CAE 623926

Abreviaturas

Ac.	—	Acórdão
AgRg	—	Agravo Regimental
AI	—	Agravo de Instrumento
Ap.	—	Apelação
art.	—	artigo
Bol. *AASP*	—	*Boletim da Associação dos Advogados de São Paulo*
BTNs	—	Bônus do Tesouro Nacional
CC	—	Código Civil
c/c	—	combinado com
CPC	—	Código de Processo Civil
CPP	—	Código de Processo Penal
CTN	—	Código Tributário Nacional
DJE	—	*Diário da Justiça Eletrônico*
DJU	—	*Diário da Justiça da União*
INCRA	—	Instituto Nacional de Colonização e Reforma Agrária
IPTU	—	Imposto sobre Propriedade Territorial Urbana
j.	—	julgado
LD	—	Lei do Divórcio
Min.	—	Ministro
n.	—	número
OTNs	—	Obrigações do Tesouro Nacional
p. ex.	—	por exemplo
RE	—	Recurso Extraordinário
Rel.	—	Relator
REsp	—	Recurso Especial
RF	—	*Revista Forense*
RJTJRS	—	*Revista de Jurisprudência do Tribunal de Justiça do Rio Grande do Sul*

RJTJSP — *Revista de Jurisprudência do Tribunal de Justiça de São Paulo*
RSTJ — *Revista do Superior Tribunal de Justiça*
RT — *Revista dos Tribunais*
RTJ — *Revista Trimestral de Jurisprudência*
s. — seguintes
STF — Supremo Tribunal Federal
STJ — Superior Tribunal de Justiça
T. — Turma
TR — Taxa Referencial
v. — *vide*

Índice

Título I
DA SUCESSÃO EM GERAL

A palavra sucessão, em sentido amplo, significa o ato pelo qual uma pessoa assume o lugar de outra, substituindo-a na titularidade de determinados bens. Numa compra e venda, por exemplo, o comprador sucede ao vendedor, adquirindo todos os direitos que a este pertenciam. Na hipótese, ocorre a sucessão *inter vivos*. No direito das sucessões, entretanto, o vocábulo é empregado em sentido estrito, para designar tão somente a decorrente da morte de alguém, ou seja, a sucessão *causa mortis*. O referido ramo do direito disciplina a transmissão do patrimônio (o ativo e o passivo) do *de cujus* (ou autor da herança) a seus sucessores. Essa expressão latina é abreviatura da frase *de cujus sucessione* (ou *hereditatis*) *agitur*, que significa "aquele de cuja sucessão (ou herança) se trata".

A Constituição Federal assegura, em seu art. 5º, XXX, o direito de herança, e o Código Civil disciplina o direito das sucessões em quatro títulos: "Da Sucessão em Geral", "Da Sucessão Legítima", "Da Sucessão Testamentária" e "Do Inventário e da Partilha".

Capítulo I
DISPOSIÇÕES GERAIS

1 DA ABERTURA DA SUCESSÃO. O PRINCÍPIO DA *SAISINE*

A existência da pessoa natural termina com a morte real (CC, art. 6º). Como não se concebe direito subjetivo sem titular, no mesmo instante em que aquela acontece abre-se a sucessão, transmitindo-se automaticamente a herança aos herdeiros legítimos e testamentários do *de cujus* (CC, art. 1.784), sem solução de continuidade e ainda que estes ignorem o fato. Nisto consiste o princípio da *saisine*, segundo o qual o próprio defunto transmite ao sucessor o domínio e a posse da herança (*le mort saisit le vif*). Acolhido no art. 1.784, tal princípio harmoniza-se com o art. 1.207, pelo qual o "sucessor universal continua de direito a posse do seu antecessor", com os mesmos caracteres (art. 1.206). Compatibiliza-se, também, com os arts. 617 e 618 do Código de Processo Civil e 1.797 do estatuto civil, mediante a interpretação de que o inventariante administra o espólio, tendo a posse direta dos bens que o compõem, enquanto os herdeiros adquirem a posse indireta.

Em decorrência do princípio da *saisine*, regula a legitimação para suceder a lei vigente ao tempo da abertura da sucessão (CC, art. 1.787). Assim, por exemplo, se a abertura da sucessão tiver ocorrido pouco antes do advento da atual Constituição Federal, que igualou os direitos sucessórios dos filhos adotivos aos dos consanguíneos, qualquer que seja a forma de adoção (art. 227, § 6º), o adotado pelo sistema do Código Civil de 1916 (adoção restrita), quando o adotante já possuía filhos consanguíneos, nada receberá, mesmo que o inventário seja aberto após tal advento. Herdará, entretanto, em igualdade de condições com estes, se a abertura ocorrer depois da entrada em vigor da Carta Magna. Outra consequência do aludido princípio consiste em que o herdeiro que sobrevive ao *de cujus*, ainda que por um instante, herda os bens por este deixados e os transmite aos seus sucessores, se falecer em seguida.

A massa patrimonial deixada pelo autor da herança denomina-se espólio. Não passa de uma universalidade de bens, sem personalidade jurídica. Entretanto, o direito dá-lhe legitimidade *ad causam*, sendo representado ativa e passivamente pelo inventariante (CPC, art. 75, VII, o que não ocorre, porém, se ele for dativo, conforme o § 1º) ou pelo administrador provisório, se o inventário ainda não tiver sido instaurado (CPC, art. 614).

A abertura da sucessão é também denominada delação ou devolução sucessória e beneficia desde logo os herdeiros, como visto. Quanto aos legatários, a situação é diferente: adquirem a propriedade dos bens infungíveis desde a abertura da sucessão; a dos fungíveis, porém, só pela partilha. A posse, em ambos os casos, deve ser requerida aos herdeiros, que só estão obrigados a entregá-la por ocasião da partilha e depois de comprovada a solvência do espólio.

Abre-se a sucessão no lugar do último domicílio do falecido (CC, art. 1.785). É esse o foro competente para o processamento do inventário, ainda que o óbito tenha ocorrido no exterior. Será, entretanto, o da situação dos bens, se o autor da herança não tinha domicílio certo, ou o do lugar em que ocorreu o óbito, se, além disso, possuía bens em lugares diferentes (CPC, art. 48 e parágrafo único). A nomeação de inventariante é, hoje, matéria regulada no art. 617 do Código de Processo Civil.

2 ESPÉCIES DE SUCESSÃO E DE SUCESSORES

A sucessão, considerando-se sua fonte, pode ser legítima (*ab intestato*) ou testamentária (CC, art. 1.786). No primeiro caso, decorre da lei; no segundo, de disposição de última vontade, ou seja, de testamento ou codicilo. Morrendo a pessoa sem testamento (*ab intestato*), transmite-se a herança a seus herdeiros legítimos (art. 1.788), expressamente indicados na lei (art. 1.829), de acordo com uma ordem preferencial (ordem da vocação hereditária). Por essa razão, diz-se que a sucessão legítima representa a vontade presumida do *de cujus* de transmitir o seu patrimônio para as pessoas indicadas na lei, pois teria deixado testamento se outra fosse a intenção. Será, ainda, legítima a sucessão se o testamento caducar ou for julgado nulo (art. 1.788, parte final). O testamento originariamente válido pode vir a caducar, isto é, a tornar-se ineficaz por causa ulterior, como a falta do beneficiário nomeado pelo testador ou dos bens deixados. A sucessão poderá ser, também, simultaneamente, legítima e testamentária quando o testamento não compreender todos os bens do *de cujus*, pois os não incluídos passarão a seus herdeiros legítimos (art. 1.788, 2ª parte).

O citado art. 1.788 sofre críticas pertinentes da doutrina por usar o vocábulo nulo, para significar nulo e anulado. A insuficiência da expressão consiste em reduzir a ineficácia do testamento aos casos de caducidade e nulidade, deixando de mencionar, como se estivessem contidas nestas palavras, as ideias de ruptura e anulação.

A sucessão testamentária dá-se por disposição de última vontade. Havendo herdeiros necessários (ascendentes, descendentes ou cônjuge), o testador só poderá dispor da metade da herança (art. 1.789), pois a outra constitui a legítima, àqueles assegurada no art. 1.846; não havendo, plena será a sua liberdade de testar, podendo afastar da sucessão os herdeiros colaterais (art. 1.850). Se for casado no regime da comunhão universal de bens, o patrimônio do casal será dividido em duas meações, e só poderá dispor, em testamento, integralmente, da sua, se não tiver herdeiros necessários, e da metade (1/4 do patrimônio do casal), se os tiver.

O nosso ordenamento não admite outras formas de sucessão, especialmente a contratual, por estarem expressamente proibidos os pactos sucessórios, não podendo ser objeto de contrato herança de pessoa viva (art. 426). Aponta-se, no entanto, uma exceção: podem os pais, por ato entre vivos, partilhar o seu patrimônio entre os descendentes (art. 2.018). O art. 314 do Código de 1916, que admitia a estipulação, no pacto antenupcial, de doações para depois da morte do doador, não foi reproduzido no novo diploma.

A sucessão pode ser classificada, ainda, quanto aos efeitos, em a título universal e a título singular. Dá-se a primeira quando o herdeiro é chamado a suceder na totalidade da herança, fração ou parte alíquota (porcentagem) dela. Pode ocorrer tanto na sucessão legítima como na testamentária. Na sucessão a título singular, o testador deixa ao beneficiário um bem certo e determinado, denominado legado, como um veículo ou um terreno, por exemplo. Legatário não é o mesmo que herdeiro. Este sucede a título universal (pois a herança é uma universalidade); aquele, porém, sucede ao falecido a título singular, tomando o seu lugar em coisa certa e individuada. A sucessão legítima é sempre a título universal, porque transfere aos herdeiros a totalidade ou fração ideal do patrimônio do *de cujus*; a testamentária pode ser a título universal ou a título singular (coisa determinada e individualizada), dependendo da vontade do testador.

Sucessão anômala ou irregular é a disciplinada por normas peculiares e próprias, não observando a ordem da vocação hereditária estabelecida no art. 1.829 do Código Civil para a sucessão legítima. Assim, por exemplo, o art. 692, III, do diploma de 1916, ainda aplicável às enfiteuses constituídas durante sua vigência (CC, art. 2.038), prevê a extinção destas, em caso de falecimento do enfiteuta sem herdeiros, em vez da transmissão do imóvel para o município; o art. 520 do Código Civil de 2002 prescreve que o direito de preferência, estipulado no contrato de compra e venda, não passa aos herdeiros; a Constituição Federal estabelece, no art. 5º, XXXI, benefício ao cônjuge ou filhos brasileiros, na sucessão de bens de estrangeiros situados no País, permitindo a aplicação da lei pessoal do *de cujus*, se mais favorável.

Em relação aos herdeiros, estabelece o Código Civil que legítimo é o indicado pela lei, em ordem preferencial (art. 1.829). Testamentário ou instituído é o beneficiado pelo testador no ato de última vontade com uma parte ideal do acervo, sem individuação de bens. A pessoa contemplada em testamento com coisa certa e determinada não é herdeiro instituído ou testamentário, mas legatário. Herdeiro necessário (legitimário ou reservatário) é o descendente ou ascendente sucessível e o cônjuge (art. 1.845), ou seja, todo parente em linha reta não excluído da sucessão por indignidade ou deserdação, bem como o cônjuge, que só passou a desfrutar dessa qualidade no Código Civil de 2002, constituindo tal fato importante inovação. Costuma-se chamar de herdeiro universal o herdeiro único, que recebe a totalidade da herança, mediante auto de adjudicação (e não de partilha) lavrado no inventário.

Quadro sinótico – Da sucessão em geral

1. Sentido amplo	A palavra sucessão, em sentido amplo, significa o ato pelo qual uma pessoa assume o lugar de outra, substituindo-a na titularidade de determinados bens (numa compra e venda, p. ex., o comprador sucede ao vendedor). Ocorre, nesse caso, a sucessão *inter vivos*.	
2. Sentido estrito	No direito das sucessões, o mesmo vocábulo é empregado em sentido estrito, para designar tão somente a decorrente da morte de alguém, ou seja, a sucessão *causa mortis*.	
3. Direito das sucessões	O referido ramo do direito disciplina a transmissão do patrimônio (o ativo e o passivo) do *de cujus* (ou autor da herança) a seus sucessores. Essa expressão latina é abreviatura da frase *de cujus sucessione* (ou *hereditatis*) *agitur*, que significa "aquele de cuja sucessão (ou herança) se trata".	
4. Disposições gerais	Abertura da sucessão	Dá-se no mesmo instante da morte do *de cujus*, transmitindo-se automaticamente a herança aos seus herdeiros legítimos e testamentários (CC, art. 1.784). Nisso consiste o princípio da *saisine*, segundo o qual o próprio defunto transmite ao sucessor o domínio e a posse da herança (*le mort saisit le vif*).

<table>
<tr><td>4. Disposições gerais</td><td>Efeitos do princípio da saisine</td><td colspan="2">a) regula a sucessão e a legitimação para suceder a lei vigente ao tempo da abertura daquela (CC, art. 1.787);
b) o sucessor universal continua de direito a posse do seu antecessor, com os mesmos caracteres (art. 1.206);
c) o herdeiro que sobrevive ao de cujus, ainda que por um instante, herda os bens deixados e os transmite aos seus sucessores, se falecer em seguida;
d) abre-se a sucessão no lugar do último domicílio do falecido (art. 1.785), que é o foro competente para o processamento do inventário.</td></tr>
<tr><td rowspan="4">5. Espécies de sucessão</td><td rowspan="3">Quanto à sua fonte</td><td>a) sucessão legítima</td><td>Decorre da lei. Morrendo a pessoa sem deixar testamento, ou se este caducar ou for julgado nulo, transmite-se a herança a seus herdeiros legítimos (art. 1.788), indicados na lei (art. 1.829), de acordo com uma ordem preferencial. A sucessão poderá ser simultaneamente legítima e testamentária quando o testamento não compreender todos os bens do de cujus (art. 1.788, 2ª parte).</td></tr>
<tr><td>b) sucessão testamentária</td><td>Decorre de disposição de última vontade: testamento ou codicilo. Havendo herdeiros necessários, o testador só poderá dispor da metade da herança (art. 1.789), pois a outra constitui a legítima, àqueles assegurada no art. 1.846; não havendo, plena será a sua liberdade de testar, podendo afastar da sucessão os colaterais (art. 1.850).</td></tr>
<tr><td>c) sucessão contratual</td><td>Não é admitida pelo nosso ordenamento, por estarem proibidos os pactos sucessórios, não podendo ser objeto de contrato herança de pessoa viva (art. 426). Exceção: podem os pais, por atos entre vivos, partilhar o seu patrimônio entre os descendentes (art. 2.018).</td></tr>
<tr><td>Quanto aos efeitos</td><td>a) a título universal</td><td>Quando o herdeiro é chamado a suceder na totalidade da herança,</td></tr>
</table>

<table>
<tr><td rowspan="3">5. Espécies de sucessão</td><td rowspan="2">Quanto aos efeitos</td><td>a) a título universal</td><td>fração ou parte alíquota (porcentagem) dela. Pode ocorrer tanto na sucessão legítima como na testamentária.</td></tr>
<tr><td>b) a título singular</td><td>Quando o testador deixa ao beneficiário um bem certo e determinado. Legatário sucede ao falecido a título singular, tomando o seu lugar em coisa individuada. Herdeiro sucede a título universal. A sucessão legítima é sempre a título universal; a testamentária pode ser a título universal ou a título singular, dependendo da vontade do testador.</td></tr>
<tr><td>Sucessão anômala ou irregular</td><td colspan="2">É a disciplinada por normas peculiares e próprias, não observando a ordem da vocação hereditária estabelecida no art. 1.829 para a sucessão legítima. Assim, p. ex., o art. 520 prescreve que o direito de preferência, estipulado no contrato de compra e venda, não passa aos herdeiros. A CF (art. 5º, XXXI) estabelece benefício ao cônjuge ou filhos brasileiros, na sucessão de bens de estrangeiros situados no País, permitindo a aplicação da lei pessoal do de cujus, se mais favorável.</td></tr>
<tr><td>6. Espécies de herdeiros</td><td colspan="3">– legítimo: é o indicado pela lei, em ordem preferencial (art. 1.829);
– testamentário ou instituído: é o beneficiado pelo testador no ato de última vontade com uma parte ideal do acervo, sem individuação de bens; a pessoa contemplada com coisa certa não é herdeiro, mas legatário;
– necessário (legitimário ou reservatário): é o descendente ou ascendente sucessível e o cônjuge (art. 1.845);
– universal: costuma-se assim chamar o herdeiro único, que recebe a totalidade da herança, mediante auto de adjudicação lavrado no inventário.</td></tr>
</table>

Capítulo II

DA HERANÇA E DE SUA ADMINISTRAÇÃO

3 O PRINCÍPIO DA INDIVISIBILIDADE DA HERANÇA

O capítulo do Código Civil de 1916, intitulado "Da Transmissão da Herança", não foi mantido no atual diploma. Como inovação, criou-se o ora em estudo, concernente à herança e sua administração.

O parágrafo único do art. 1.791 reafirma o princípio da indivisibilidade da herança, prescrevendo: "Até a partilha, o direito dos coerdeiros, quanto à propriedade e posse da herança, será indivisível, e regular-se-á pelas normas relativas ao condomínio".

A indivisibilidade diz respeito ao domínio e à posse dos bens hereditários, desde a abertura da sucessão até a atribuição dos quinhões a cada sucessor, na partilha. Antes desta, o coerdeiro pode alienar ou ceder apenas sua quota ideal, ou seja, o direito à sucessão aberta, que o art. 80, II, do Código Civil considera bem imóvel (exige-se escritura pública e outorga uxória), não lhe sendo permitido transferir a terceiro parte certa e determinada do acervo. Prescreve o § 2º do art. 1.793 do Código Civil, com efeito, que "é ineficaz a cessão, pelo coerdeiro, de seu direito hereditário sobre qualquer bem da herança considerado singularmente". Sendo a herança uma universalidade, e indivisível, somente com a partilha serão determinados os bens que comporão o quinhão de cada herdeiro. Em razão dessa indivisibilidade, qualquer dos coerdeiros pode reclamar a universalidade da herança em face de terceiro, não podendo este opor-lhe, em exceção, o caráter parcial do seu direito nos bens da sucessão (arts. 1.825 e 1.827).

Os arts. 1.793 a 1.795 dispõem sobre a cessão da quota hereditária, pelo coerdeiro, a pessoa estranha à sucessão, por escritura pública. Ficará inviabilizada se outro coerdeiro a quiser, tanto por tanto. O coerdeiro, a quem não se der conhecimento da cessão, poderá, depositado o preço, haver para si a quota cedida a estranho, exercendo o direito de preferência, se o requerer até cento e oitenta dias após a transmissão. Tal solução resolve antiga divergência jurisprudencial existente a respeito da necessidade de anuência dos coerdeiros para a cessão de quota hereditária. Sendo vários os coerdeiros a exercer a preferência, entre eles se distribuirá o quinhão cedido, na proporção das respectivas quotas hereditárias (art. 1.795, parágrafo único).

O Código Civil de 1916 não disciplinava expressamente a cessão de hereditários, mas apenas se referia a ela de forma indireta, ao tratar da cessão de crédito, proclamando, no art. 1.078: "As disposições deste título aplicam-se à cessão de outros direitos para os quais não haja modo especial de transferência". O diploma de 2002 regula a matéria nos arts. 1.793 a 1.795. Dispõe o primeiro dispositivo citado, no *caput*: "Art. 1.793. O direito à sucessão aberta, bem como o quinhão de que disponha o coerdeiro, pode ser objeto de cessão por escritura pública". Pode-se dizer que a cessão de direitos hereditários, gratuita ou onerosa, consiste na transferência que o herdeiro, legítimo ou testamentário, faz a outrem de todo o quinhão ou de parte dele, o qual lhe compete após a abertura da sucessão. Sendo gratuita, equipara-se à doação; e à compra e venda, se realizada onerosamente.

Prescreve o art. 1.792 que "o herdeiro não responde por encargos superiores às forças da herança". Em nosso direito, pois, a aceitação da herança é sempre a benefício de inventário, *ex vi legis* e sem necessidade de ressalva expressa. Assim, as responsabilidades dos herdeiros restringem-se ao montante deixado pelo *de cujus*. Para que o herdeiro não responda pelas dívidas que ultrapassarem as forças da herança, exige a lei, todavia, que prove tal excesso, salvo se existir inventário que escuse tal comprovação, "demonstrando o valor dos bens herdados" (CC, art. 1.792, 2ª parte).

No inventário é feito um levantamento do patrimônio do falecido, relacionando-se os bens, créditos e débitos que deixou. As dívidas são da herança, que responde por elas (CC, art. 1.997). Só serão partilhados os bens ou valores que restarem depois de pagas as dívidas, isto é, depois de descontado o que, de fato, pertence a outrem.

4 DA ADMINISTRAÇÃO DA HERANÇA

O inventário deve ser instaurado no prazo de dois meses (CPC, art. 611), a contar da abertura da sucessão (*v.* n. 61, *infra*), cabendo a administração provisória da herança, até o compromisso do inventariante, sucessivamente: "I – ao cônjuge ou companheiro, se com o outro convivia ao tempo da abertura da sucessão; II – ao herdeiro que estiver na posse e administração dos bens, e, se houver mais de um nessas condições, ao mais velho; III – ao testamenteiro; IV – a pessoa de confiança do juiz, na falta ou escusa das indicadas nos incisos antecedentes, ou quando tiverem de ser afastadas por motivo grave levado ao conhecimento do juiz" (CC, art. 1.797).

Quadro sinótico – Da herança e de sua administração

1. Indivisibilidade da herança	Até a partilha, o direito dos coerdeiros, quanto à propriedade e posse da herança, será indivisível, e regular-se-á pelas normas relativas ao condomínio (CC, art. 1.791, parágrafo único). Por isso, o coerdeiro pode alienar ou ceder apenas sua quota ideal, ou seja, o direito à sucessão aberta. É ineficaz a cessão, pelo coerdeiro, de seu direito hereditário sobre qualquer bem da herança considerado singularmente (art. 1.793, § 2º).
2. Preferência do coerdeiro	O art. 1.795 do CC assegura direito de preferência ao coerdeiro, a quem não se der conhecimento da cessão. Poderá ele, depositado o preço, haver para si a quota cedida a estranho, exercendo tal direito se o requerer até 180 dias após a transmissão.
3. Cessão de direitos hereditários	O direito à sucessão aberta, bem como o quinhão de que disponha o coerdeiro, pode ser objeto de cessão por escritura pública (CC, art. 1.793, *caput*). Cessão de direitos hereditários, gratuita ou onerosa, consiste na transferência que o herdeiro, legítimo ou testamentário, faz a outrem de todo o quinhão ou de parte dele, que lhe compete após a abertura da sucessão.
4. Responsabilidade dos herdeiros	O herdeiro não responde por encargos superiores às forças da herança (CC, art. 1.792). Em nosso direito, a aceitação da herança é sempre, por lei, a benefício do inventário. Incumbe, porém, ao herdeiro a prova do excesso, salvo se houver inventário que a escuse, demonstrando o valor dos bens herdados.
5. Administração da herança	O inventário deve ser instaurado no prazo de 60 dias, a contar da abertura da sucessão, cabendo a administração provisória da herança, até o compromisso do inventariante, sucessivamente: **a)** ao cônjuge ou companheiro; **b)** ao herdeiro que estiver na posse e administração dos bens; **c)** a pessoa de confiança do juiz (CC, arts. 1.796 e 1.797).

Capítulo III

DA VOCAÇÃO HEREDITÁRIA

5 DA LEGITIMAÇÃO PARA SUCEDER

Tratando de matérias próprias de outros títulos, algumas delas concernentes à sucessão testamentária, o Código Civil de 2002 incluiu no Título I do livro sobre o direito das sucessões os capítulos "Da Vocação Hereditária" e "Dos Excluídos da Sucessão". Nestes, cuida primeiramente da legitimação para invocar a titularidade da herança e, depois, das causas pelas quais o legitimado vem a ser excluído da sucessão.

A legitimidade passiva é a regra e a ilegitimidade, a exceção. A disposição genérica vem expressa no art. 1.798 do Código Civil: "Legitimam-se a suceder as pessoas nascidas ou já concebidas no momento da abertura da sucessão". Só não se legitimam, portanto, as expressamente excluídas. Ressalvou-se o direito do nascituro, por já concebido. Como o dispositivo refere-se somente a "pessoas", não podem ser contemplados animais, salvo indiretamente, pela imposição ao herdeiro testamentário do encargo de cuidar de um especificamente. Tanto as pessoas naturais como as jurídicas, de direito público ou privado, podem ser beneficiadas. Também estão excluídas as coisas inanimadas e as entidades místicas, como os santos. Só as pessoas vivas ou já concebidas ao tempo da abertura da sucessão podem ser herdeiras ou legatárias. Caducam as disposições testamentárias que beneficiarem pessoas já falecidas, pois a nomeação testamentária tem caráter pessoal (*intuitu personae*).

Neste sentido, prescreve o art. 1.799 do Código Civil que na sucessão testamentária podem ser chamados a suceder: "I – os filhos, ainda não concebidos, de pessoas indicadas pelo testador, desde que vivas estas ao abrir-se a sucessão; II – as pessoas jurídicas; III – as pessoas jurídicas, cuja organização for determinada pelo testador sob a forma de fundação".

O inciso I abre exceção à regra de que as pessoas legitimadas a suceder são as nascidas ou já concebidas ao tempo da morte do testador (art. 1.798), pois permite a instituição em favor da prole eventual, restrita aos filhos (e não a outros descendentes) de pessoa designada pelo testador e que esteja viva ao abrir-se a sucessão (se já houver morrido, caducará a deixa). Aberta esta, os bens da herança serão confiados, após a liquidação ou partilha, a curador nomeado pelo juiz. Salvo disposição testamentária em contrário, a curatela caberá à pessoa cuja prole eventual o testador quis contemplar e, sucessivamente, às pessoas que podem ser nomeadas curadoras do interdito, indicadas no art. 1.775. Nascendo com vida o herdeiro esperado, ser-lhe-á deferida a sucessão, com os frutos e rendimentos relativos à deixa, a partir da morte do testador. Se, decorridos dois anos após a abertura da sucessão, não for concebido o herdeiro esperado, os bens reservados, salvo disposição em contrário do testador, caberão aos herdeiros legítimos (CC, art. 1.800, §§ 1º a 4º). Os bens também caberão aos herdeiros legítimos se o herdeiro aguardado e concebido nascer morto.

A estipulação do chamado "prazo de espera" supre omissão do Código de 1916, que possibilitava a perpetuação da situação de espera do herdeiro aguardado. O período fixado limita, porém, a instituição, que jamais será feita em favor da prole eventual de pessoa que não possa gerar ou conceber no prazo de dois anos, contados da data da morte do testador, sendo este pessoa idosa e aquela de tenra idade, por exemplo.

Durante a vigência do Código de 1916 e até o advento da Constituição Federal de 1988, predominava o entendimento de que, no caso de prole eventual de pessoas indicadas pelo testador, a capacidade para adquirir por testamento não compreendia os filhos adotivos das pessoas por ele designadas, a menos que houvesse referência expressa de sua parte. Argumentava-se que o testador não podia ter tido em vista tais beneficiários, quando elaborou o ato de última vontade. A prole eventual a que se referia o diploma de 1916 seria, portanto, a descendência natural, compreensiva de filhos legítimos, legitimados ou ilegítimos, mas filhos carnais.

Tal posicionamento não merece ser mantido, tendo em vista que a atual Constituição não faz distinção, e proíbe quaisquer designações discriminatórias entre os filhos, seja qual for sua origem ou a espécie de relação mantida por seus genitores (art. 227, § 6º). Diante da aludida equiparação de todos os filhos, com a proibição expressa de qualquer discriminação, inclusive no campo do direito sucessório, reforçada pelo art. 1.596 do CC/2002, é de concluir que a disposição testamentária há de prevalecer e o adotivo poderá receber a herança ou o legado a que tem direito.

Em princípio, não se pode falar em direitos sucessórios daquele que foi concebido por inseminação artificial *post mortem*, uma vez que a transmissão da herança se dá em consequência da morte (CC, art. 1.784) e dela participam as "pessoas nascidas ou já concebidas no momento da abertura da sucessão" (art. 1.798). A questão, no entanto, é tormentosa e cabe à doutrina e à jurisprudência fornecer subsídios para a sua solução. A doutrina brasileira inclina-se no sentido de negar legitimação para suceder aos filhos havidos por métodos de reprodução assistida, quer na hipótese de a morte do ascendente preceder à concepção, quer na de implantação de embriões depois de aberta a sucessão. Solução favorável à criança ocorreria se houvesse disposição legislativa favorecendo o fruto de inseminação *post mortem*.

Não há como esquivar-se, todavia, do disposto nos arts. 1.597 do CC e 227, § 6º, da CF. O primeiro afirma que se presumem "concebidos" na constância do casamento "os filhos havidos por fecundação artificial homóloga, mesmo que falecido o marido" (inciso III). O segundo consagra a absoluta igualdade de direitos entre os filhos, proibindo qualquer distinção ou discriminação. Se, assim, na sucessão legítima, são iguais os direitos sucessórios dos filhos, e se o Código Civil de 2002 trata os filhos resultantes de fecundação artificial homóloga, posterior ao falecimento do pai, como tendo sido "concebidos na constância do casamento", não se justifica a exclusão de seus direitos sucessórios. Entendimento contrário conduziria à aceitação da existência, em nosso direito, de filho que não tem direitos sucessórios, em situação incompatível com o proclamado no mencionado art. 227, § 6º, da CF.

O inciso II do art. 1.799 permite que a deixa testamentária beneficie "as pessoas jurídicas". A existência legal das pessoas jurídicas de direito privado começa com a inscrição do ato constitutivo no respectivo registro (CC, art. 45). Antes disso, não passam de meras sociedades de fato. A jurisprudência formada no período que antecedeu à promulgação do novo Código Civil beneficiava as sociedades de fato que já atuavam e realizavam negócios, mas não tinham existência legal por falta de registro de seus atos constitutivos. Eram equiparadas aos nascituros, sendo dotadas, segundo a referida orientação, da *testamenti factio passiva*. Como o diploma de 2002 não ressalvou essa possibilidade, fazendo-o somente no tocante às fundações (inciso III), essa questão poderá gerar controvérsias.

O inciso III do citado art. 1.799 abre, com efeito, outra exceção, em favor das pessoas jurídicas cuja organização for determinada pelo testador sob a forma de fundação. Esta pode ser criada por escritura pública ou por testamento (CC, art. 62). No último caso, por ainda não existir a pessoa jurídica idealizada pelo testador, aberta a sucessão, os bens permanecerão sob a guarda provisória da pessoa encarregada de instituí-la, até o registro de seus estatutos, quando passará a ter existência legal.

6 DOS QUE NÃO PODEM SER NOMEADOS HERDEIROS NEM LEGATÁRIOS

O art. 1.801 do Código Civil menciona outras pessoas que não podem ser nomeadas herdeiras nem legatárias: **a)** a pessoa que, a rogo, escreveu o testamento, nem o seu cônjuge ou companheiro, ou os seus ascendentes e irmãos; **b)** as testemunhas do testamento; **c)** o concubino do testador casado, salvo se este, sem culpa sua, estiver separado de fato do cônjuge há mais de cinco anos; **d)** o tabelião, civil ou militar, ou o comandante ou escrivão, perante quem se fizer, assim como o que fizer ou aprovar o testamento. Exceto o caso do concubino, as proibições inspiram-se em questão de segurança. As hipóteses não são de incapacidade relativa, como pretendem alguns, mas de falta de legitimação, pois as pessoas mencionadas no aludido dispositivo não podem ser beneficiadas em determinado testamento, conquanto possam sê-lo em qualquer outro em que não existam os apontados impedimentos. A lei considera suspeitos aquele que escreveu o testamento a rogo do testador, seus parentes próximos e o cônjuge ou companheiro, bem como as testemunhas do ato e o tabelião, ou quem fizer suas vezes, para evitar que se vejam tentados a abusar da confiança neles depositada, procurando obter algum benefício para si ou seus parentes, ou, ainda, para o cônjuge ou companheiro.

O concubino do testador também não pode ser beneficiado em ato *causa mortis*. Constituem concubinato, segundo estatui o art. 1.727 do novo diploma, "as relações não eventuais entre o homem e a mulher, impedidos de casar". A vedação complementa a série de dispositivos destinados a proteger a família legítima e a coibir o adultério, dentre eles o art. 550 do Código Civil, que declara anulável a doação do cônjuge adúltero ao seu cúmplice, e o art. 1.642, V, que permite tanto ao marido quanto à mulher reivindicar os bens doados ou transferidos pelo outro cônjuge ao concubino. Não seria correto limitá-la aos atos *inter vivos*. A restrição atinge tanto o homem quanto a mulher, mas limita-se ao caso de concubinato denominado adulterino, em que o testador vive com o cônjuge e mantém relação extraconjugal, não se aplicando às hipóteses em que a sociedade conjugal já se encontra dissolvida, de direito ou apenas de fato, há mais de cinco anos, sem culpa sua. A fixação do prazo de cinco anos para o afastamento da vedação conflita com o disposto no art. 1.723 do mesmo diploma, que não estabelece prazo para a configuração da união estável, e com o art. 1.830, que não reconhece direito sucessório ao cônjuge sobrevivente se, ao tempo da morte do outro, estavam separados de fato há mais de dois anos, salvo prova, nesse caso, de que essa convivência se tornara impossível sem culpa do sobrevivente. A exigência de que inexista culpa na separação de fato não parece oportuna, pois irá propiciar extensas discussões a esse respeito.

Nulas serão as disposições testamentárias em favor de pessoas não legitimadas a suceder se o testador procurou contorná-la por meio da simulação, dando ao ato a forma de um contrato oneroso, ou beneficiando-as por meio de interposta pessoa, como o pai, a mãe, os descendentes, os irmãos e o cônjuge ou companheiro (CC, art. 1.802 e parágrafo único). Não é permitido ao testador, portanto, beneficiar indiretamente o concubino, deixando bens para o filho deste, salvo se o for também dele, pois não podem os pais ser impedidos de beneficiar a própria prole. A referida ressalva, feita no art. 1.803, demonstra ter sido adotada pelo novo diploma a orientação consagrada na Súmula 447 do Supremo Tribunal Federal.

Quadro sinótico – Da vocação hereditária

1. Legitimação passiva para suceder	– A legitimidade passiva é a regra e a ilegitimidade, a exceção: "Legitimam-se a suceder as pessoas nascidas ou já concebidas no momento da abertura da sucessão" (CC, art. 1.798). Só não se legitimam, portanto, as expressamente excluídas. Ressalvou-se o direito do nascituro, por já concebido. – O citado art. 1.798 refere-se tanto à sucessão legítima quanto à testamentária. – Na sucessão testamentária podem ainda ser chamados a suceder: **a)** os filhos, ainda não concebidos (prole eventual), de pessoas indicadas pelo testador, desde que vivas estas ao abrir-se a sucessão; **b)** as pessoas jurídicas; **c)** as pessoas jurídicas cuja organização for determinada pelo testador sob a forma de fundação (art. 1.799).
2. Falta de legitimação para ser nomeado herdeiro ou legatário (CC, art. 1.801)	**a)** da pessoa que, a rogo, escreveu o testamento, bem como do seu cônjuge ou companheiro, e de seus ascendentes e irmãos; **b)** das testemunhas do testamento; **c)** do concubino do testador casado, salvo se este, sem culpa sua, estiver separado de fato do cônjuge há mais de cinco anos; **d)** do tabelião, civil ou militar, ou do comandante ou escrivão, perante quem se fizer, assim como o que fizer ou aprovar o testamento.

Capítulo IV

DA ACEITAÇÃO E RENÚNCIA DA HERANÇA

7 DA ACEITAÇÃO

Aceitação ou adição da herança é o ato pelo qual o herdeiro anui à transmissão dos bens do *de cujus*, ocorrida por lei com a abertura da sucessão, confirmando-a. Pode ser expressa (por declaração escrita), tácita (resultante de conduta própria de herdeiro, conforme o art. 1.805) ou presumida (quando o herdeiro permanece silente, depois de notificado, nos termos do art. 1.807, para que declare, em prazo não superior a trinta dias, a pedido de alguém interessado – geralmente o credor –, se aceita ou não a herança).

Antigamente, havia interesse na manifestação expressa da aceitação, porque não constava da lei a regra de não responder o herdeiro por encargos superiores à força da herança. Para se livrar desse risco, era necessário declarar que a aceitava sob benefício do inventário, ou seja, condicionalmente, só tendo eficácia o ato se o ativo superasse o passivo. Como hoje, por lei, o "herdeiro não responde por encargos superiores às forças da herança" (CC, art. 1.792), a aceitação costuma ser tácita. Resulta de qualquer ato que demonstre intenção de adir a herança, como a intervenção no inventário, representado por advogado, concordando com as declarações preliminares e avaliações, a cessão de seus direitos ou outros atos. Já se decidiu que simples requerimento de abertura de inventário, por si só, não traduz o propósito de aceitar a herança, por se tratar de obrigação legal do herdeiro. Não exprimem aceitação "os atos oficiosos, como o funeral do finado, os meramente conservatórios, ou os de administração e guarda provisória" (art. 1.805, § 1º), porque praticados altruisticamente.

É negócio jurídico unilateral, porque se aperfeiçoa com uma única manifestação de vontade, e de natureza não receptícia, porque não depende de ser comunicado a outrem para que produza seus efeitos.

É, também, indivisível e incondicional, porque "não se pode aceitar ou renunciar a herança em parte, sob condição, ou a termo" (art. 1.808). Porém, "o herdeiro, a quem se testaram legados, pode aceitá-los, renunciando a herança; ou, aceitando-a (sempre integralmente), repudiá-los" (§ 1º). Inova o § 2º ao preceituar que o herdeiro, chamado, na mesma sucessão, a mais de um quinhão hereditário, sob títulos sucessórios diversos, "pode livremente deliberar quanto aos quinhões que aceita e aos que renuncia". Não se pode estabelecer condições nem fixar data para que a aceitação tenha eficácia.

Falecendo o herdeiro antes de declarar se aceita a herança, o poder de aceitar passa a seus herdeiros, a menos que se trate de vocação adstrita a condição suspensiva (possibilidade que só existe na sucessão testamentária), ainda não verificada (art. 1.809). O parágrafo único do mesmo dispositivo estabelece, como inovação, a seguinte condição para que os sucessores do herdeiro, falecido antes da aceitação, possam aceitar ou renunciar a primeira herança: que antes concordem em receber a segunda herança deixada por este. Modificando o sistema do Código Civil de 1916, que permitia a retratação imotivada da aceitação (denominada renúncia translativa), salvo se não acarretasse prejuízo a credores, o atual diploma declara irrevogáveis tanto os atos de aceitação como os de renúncia da herança (art. 1.812).

O pedido de abertura de inventário e arrolamento de bens, com a regularização processual por meio de nomeação de advogado, implicam aceitação tácita da herança, ato que é irrevogável (STJ, REsp. 1.622.331-SP, j. 08-11-2016).

8 DA RENÚNCIA

8.1. CONCEITO

É negócio jurídico unilateral, pelo qual o herdeiro manifesta a intenção de se demitir dessa qualidade. Há de ser expressa e constar, obrigatoriamente, de instrumento público ou termo judicial, lançado nos autos do inventário (art. 1.806), sendo, portanto, solene (a sua validade depende de observância da forma prescrita em lei). Não se admite renúncia tácita ou presumida, porque constitui abdicação de direitos, nem promessa de renúncia, porque implicaria ilegal pacto sucessório.

8.2. ESPÉCIES

A renúncia pode ser de duas espécies: abdicativa (propriamente dita) ou translativa (cessão, desistência). Dá-se a primeira quando o herdeiro a manifesta sem ter praticado qualquer ato que exprima aceitação, logo ao se iniciar o inventário ou mesmo antes, e mais: quando é pura e simples, isto é, em benefício do monte, sem indicação de qualquer favorecido (art. 1.805, § 2º). O herdeiro que renuncia em favor de determinada pessoa, citada nominalmente, está praticando dupla ação: aceitando tacitamente a herança e, em seguida, doando-a. Alguns entendem que, neste último caso, não há renúncia (ou repúdio), mas sim cessão ou desistência da herança. Outros, no entanto, preferem denominar o ato renúncia translativa, que pode ocorrer, também, mesmo quando pura e simples, se manifestada depois da prática de atos que importem aceitação, como a habilitação no inventário, manifestação sobre a avaliação, sobre as primeiras e últimas declarações etc. Na renúncia abdicativa, o único imposto devido é o *causa mortis*. Na translativa, é devido também o *inter vivos*.

8.3. DAS RESTRIÇÕES LEGAIS AO DIREITO DE RENUNCIAR

Para que possa haver o direito de renúncia, são necessários alguns pressupostos. Vejamos:

a) capacidade jurídica plena do renunciante. O incapaz depende de representação ou assistência de seu representante legal e de autorização do juiz, que somente a dará se provada a necessidade ou evidente utilidade para o requerente (CC, art. 1.691), o que dificilmente ocorrerá, em se tratando de renúncia de direitos. Feita por mandatário, deve este exibir procuração com poderes especiais para renunciar (art. 661, § 1º);

b) a anuência do cônjuge, se o renunciante for casado, exceto se o regime de bens for o da separação absoluta (CC, art. 1.647, I), porque o "direito à sucessão aberta" é considerado bem imóvel, por determinação legal (CC, art. 80, II). A cessão de direitos hereditários, em consequência, deve ser feita por escritura pública, por força do art. 108 (ainda que o espólio seja constituído somente de bens móveis, porque o que está sendo objeto da cessão é o direito abstrato à sucessão aberta). A necessidade da outorga uxória, entretanto, não é pacífica, já se tendo decidido ser dispensável, porque o referido art. 1.647 utiliza o verbo "alienar", e o renunciante não transmite a propriedade, sendo apenas considerado como se nunca tivesse existido e herdado. Na renúncia translativa, entretanto, ocorre a aceitação e posterior transmissão da propriedade;

c) que não prejudique os credores. O art. 1.813 afasta, com efeito, a possibilidade de haver renúncia lesiva a estes. Se tal ocorrer, podem aceitar a herança em nome do renunciante, nos autos de inventário não encerrado, mediante autorização judicial, sendo aquinhoados no curso da partilha (CPC, art. 642, § 3º, c/c o art. 647). Se houver saldo, será entregue aos demais herdeiros, e não ao renunciante, como prescreve o art. 1.813, 2ª parte. A autorização deferida aos credores não se estende, porém, aos legados. O Código de 2002 inovou ao fixar prazo para a habilitação na herança pelos credores do renunciante, nestes termos: "A habilitação dos credores se fará no prazo de trinta dias seguintes ao conhecimento do fato" (§ 1º). No art. 129, V, da nova Lei de Falências (Lei n. 11.101, de 9-2-2005) há outra restrição à renúncia, que não produz efeitos até dois anos antes da declaração da quebra.

8.4. DOS EFEITOS

Os efeitos da renúncia são os seguintes:

a) exclusão, da sucessão, do herdeiro renunciante, que será tratado como se jamais houvesse sido chamado. Os seus efeitos retroagem, pois, à data da abertura da sucessão;

b) acréscimo da parte do renunciante à dos outros herdeiros da mesma classe (CC, art. 1.810). Se o *de cujus* tinha vários filhos e um deles é premorto, a sua parte passará aos seus filhos, netos do primeiro. Se não morreu, mas renunciou à herança, a sua parte passará aos seus irmãos, em prejuízo de seus filhos;

c) proibição da sucessão por direito de representação, pois ninguém pode suceder "representando herdeiro renunciante" (art. 1.811). A parte do renunciante somente passará aos seus filhos se for o único legítimo de sua classe, ou se todos da mesma classe renunciarem. Todavia, os filhos herdarão por direito próprio e por cabeça, ou seja, a herança será dividida em partes iguais entre os netos, mesmo que o *de cujus* tenha deixado vários filhos (todos renunciantes), cada qual com diversa quantidade de filhos. Na sucessão testamentária, a renúncia do herdeiro acarreta a caducidade da instituição, salvo se o testador tiver indicado substituto (art. 1.947) ou houver direito de acrescer entre os herdeiros (art. 1.943).

8.5. DA INEFICÁCIA E DA INVALIDADE

A ineficácia da renúncia pode ocorrer pela suspensão temporária dos seus efeitos pelo juiz, a pedido dos credores prejudicados (que não precisam ajuizar ação revocatória, nem anulatória, a fim de se pagarem, nos termos do art. 1.813 do CC).

Dá-se a invalidade absoluta se não houver sido feita por escritura pública ou termo judicial, ou quando manifestada por pessoa absolutamente incapaz, não representada, e sem autorização judicial; e relativa, quando proveniente de erro, dolo ou coação, a ensejar a anulação do ato por vício de consentimento, ou quando realizada sem a anuência do cônjuge, se o renunciante for casado em regime que não seja o da separação absoluta de bens.

O novo Código Civil corrigiu equívoco do art. 1.590 do Código de 1916, suprimindo do texto a previsão de retratação da renúncia "quando proveniente de violência, erro ou dolo", vícios estes que possibilitam a anulação, e não a retratação do ato, por vício de consentimento, como visto. A renúncia é irretratável (CC, art. 1.812), porque retroage à data da abertura da sucessão, presumindo-se que os outros herdeiros por ela beneficiados tenham herdado na referida data.

Quadro sinótico – Da aceitação e renúncia da herança

1. Aceitação	Conceito	Aceitação ou adição da herança é o ato pelo qual o herdeiro anui à transmissão dos bens do *de cujus*, ocorrida por lei com a abertura da sucessão, confirmando-a.
	Espécies	**a)** Expressa: se resultar de manifestação escrita (CC, art. 1.805, 1ª parte). **b)** Tácita: quando resultante de conduta própria de herdeiro. É a forma mais comum, tendo em vista que toda aceitação, por lei, é feita sob benefício do

1. Aceitação	Espécies	inventário (art. 1.792), dispensando manifestação expressa. **c)** Presumida: quando o herdeiro permanece silente, depois de notificado, nos termos do art. 1.807, para que declare, em prazo não superior a trinta dias, a pedido de alguém interessado – geralmente o credor —, se aceita ou não a herança.
	Características	– a aceitação é negócio jurídico unilateral, porque se aperfeiçoa com uma única manifestação de vontade; – tem natureza não receptícia, porque não depende de ser comunicada a outrem para que produza seus efeitos; – é, também, indivisível e incondicional, porque "não se pode aceitar ou renunciar a herança em parte, sob condição, ou a termo" (CC, art. 1.808).
2. Renúncia	Conceito	Renúncia é negócio jurídico unilateral, pelo qual o herdeiro manifesta a intenção de se demitir dessa qualidade.
	Características	A renúncia há de ser expressa e constar, obrigatoriamente, de instrumento público ou termo judicial, lançado nos autos do inventário (CC, art. 1.806), sendo, portanto, solene. Não se admite renúncia tácita ou presumida, porque constitui abdicação de direitos, nem promessa de renúncia, porque implicaria ilegal pacto sucessório.
	Espécies	**a)** Abdicativa (renúncia propriamente dita): quando o herdeiro a manifesta sem ter praticado qualquer ato que exprima aceitação, logo ao iniciar o inventário ou mesmo antes, e mais: quando é pura e simples, isto é, em benefício do monte, sem indicação de qualquer favorecido (CC, art. 1.805, § 2º). **b)** Translativa: quando o herdeiro renuncia em favor de determinada pessoa, citada nominalmente. É também chamada de cessão ou desistência da herança. Pode ocorrer também, mesmo quando pura e simples, se manifestada depois da prática de atos que importem aceitação, como, p. ex., a habilitação no inventário.
	Pressupostos	**a)** capacidade jurídica plena do renunciante; **b)** anuência do cônjuge, se o renunciante for casado, exceto se o regime de bens for o da separação absoluta (CC, art. 1.647), porque o direito à suces-

2. Renúncia	**Pressupostos**	são aberta é considerado bem imóvel, por determinação legal (art. 80, I); **c)** inexistência de prejuízo para os credores. Se tal ocorrer, podem eles aceitar a herança em nome do renunciante, mediante autorização judicial, sendo aquinhoados no curso da partilha.
	Efeitos	**a)** exclusão, da sucessão, do herdeiro renunciante, que será tratado como se jamais houvesse sido chamado; **b)** acréscimo da parte do renunciante à dos outros herdeiros da mesma classe (CC, art. 1.810); **c)** proibição da sucessão por direito de representação, pois ninguém pode suceder "representando herdeiro renunciante" (art. 1.811).
	Ineficácia	Pode ocorrer pela suspensão temporária dos seus efeitos pelo juiz, a pedido dos credores prejudicados, que não precisam propor ação revocatória, nem anulatória, a fim de se pagarem, nos termos do art. 1.813 do CC.
	Invalidade	Dá-se a invalidade absoluta se não houver sido feita por escritura pública ou termo judicial, ou quando manifestada por pessoa absolutamente incapaz, não representada, e sem autorização judicial; e relativa, quando proveniente de erro, dolo ou coação, ou quando realizada sem a anuência do cônjuge, quando exigida.
	Irretratabilidade	A renúncia é irretratável (CC, art. 1.812) porque retroage à data da abertura da sucessão, presumindo-se que os outros herdeiros por ela beneficiados tenham herdado na referida data.

Capítulo V

DOS EXCLUÍDOS DA SUCESSÃO

9 DAS CAUSAS DE EXCLUSÃO. DA REABILITAÇÃO

O herdeiro ou legatário pode ser privado do direito sucessório se praticar contra o *de cujus* atos considerados ofensivos, de indignidade. Não é qualquer ato ofensivo, entretanto, que a lei considera capaz de acarretar tal exclusão, mas somente os expressamente consignados no art. 1.814, que podem ser assim resumidos: atentado contra a vida, contra a honra e contra a liberdade de testar do *de cujus*. A indignidade é, portanto, uma sanção civil, que acarreta a perda do direito sucessório.

O inciso I do aludido art. 1.814 considera indignos os que "houverem sido autores, coautores ou partícipes de homicídio doloso, ou tentativa deste, contra a pessoa de cuja sucessão se tratar, seu cônjuge, companheiro, ascendente ou descendente". Não mais se fala em "cúmplices", como o fazia o inciso I do art. 1.595 do Código Civil de 1916, mas em "coautores ou partícipes", nem em "homicídio voluntário", mas em "homicídio doloso". Ampliou-se, ainda, a configuração da indignidade capaz de excluir da sucessão o herdeiro, para também contemplar a ofensa a "cônjuge, companheiro, ascendente ou descendente". Não se exige que tenha havido condenação criminal, mas a absolvição em razão do expresso reconhecimento da inexistência do fato ou da autoria afasta a pena de indignidade no cível (CC, art. 935), assim como o reconhecimento da legítima defesa e do estado de necessidade (CPP, art. 65). O homicídio há de ser doloso; se culposo, não acarreta a exclusão.

O inciso II do art. 1.814 menciona os que "houverem acusado caluniosamente em juízo o autor da herança ou incorrerem em crime contra a sua honra, ou de seu cônjuge ou companheiro". A ofensa à honra de ascendente ou descendente do *de cujus* não foi considerada causa de exclusão de herdeiro ou legatário. A jurisprudência restringe o conceito de denunciação caluniosa, exigindo que tenha sido praticada não apenas em juízo, mas em juízo criminal. Logo, se feita no juízo cível, não fica configurada a indignidade. Quanto à segunda parte, que se refere a crimes contra a honra (calúnia, difamação e injúria), entendem alguns que o verbo "incorrerem" conduz à conclusão de que o reconhecimento da indignidade, nesses casos, depende de prévia condenação no juízo criminal. Outros, no entanto, com maior razão, a dispensam, com fundamento no art. 935 do Código Civil, bem como por não possuir o termo o alcance mencionado.

O inciso III do art. 1.814 afasta da sucessão os que, "por violência ou meios fraudulentos, inibirem ou obstarem o autor da herança de dispor livremente de seus bens por ato de última vontade".

Prevê o Código Civil, no art. 1.818, a reabilitação ou perdão do indigno, pelo ofendido, prescrevendo: "Aquele que incorreu em atos que determinem a exclusão da herança será admitido a suceder, se o ofendido o tiver expressamente reabilitado em testamento, ou em outro ato autêntico". O perdão deve, portanto, ser expresso, sendo ainda irretratável. Ato autêntico é qualquer declaração, por instrumento público ou particular, autenticada pelo escrivão. Tem-se admitido o perdão tácito somente na via testamentária, quando o testador houver, após a ofensa, contemplado o indigno em testamento. A propósito, proclama o parágrafo único do citado art. 1.818 do Código Civil: "Não havendo reabilitação expressa, o indigno, contemplado em testamento do ofendido, quando o testador, ao testar, já conhecia a causa da indignidade, pode suceder no limite da disposição testamentária". O herdeiro reabilitado, nesta hipótese, tem os seus direitos circunscritos aos limites da deixa. Nulo o testamento que contém o perdão, este não terá efeito, salvo se tiver sido adotada a forma pública, quando poderá ser utilizado como ato autêntico. O testamento cerrado ou particular não comporta tal aproveitamento.

10 DA INDIGNIDADE E DA DESERDAÇÃO

Não se deve confundir indignidade com deserdação, embora ambas tenham a mesma finalidade, qual seja, a de excluir da sucessão quem praticou atos condenáveis contra o *de cujus*. A primeira decorre da lei, que prevê a pena somente nos casos do art. 1.814, já comentado. Na deserdação, é o autor da herança quem pune o responsável, em testamento, nos casos previstos no aludido dispositivo, bem como nos constantes do art. 1.962. A indignidade é instituto da sucessão legítima, malgrado possa alcançar também o legatário, enquanto a deserdação só pode ocorrer na sucessão testamentária, pois depende de testamento, com expressa declaração de causa (art. 1.964). Aquela pode atingir todos os sucessores, legítimos e testamentários, inclusive legatários, enquanto esta é utilizada pelo testador para afastar de sua sucessão os herdeiros necessários (descendentes, ascendentes e cônjuge), aos quais a lei assegura o direito à legítima. Somente a deserdação pode privá-los desse direito.

Nos termos do art. 1.829, I, do Código Civil, a cônjuge, casada no regime da comunhão universal de bens, não é herdeira do falecido marido. Por outro lado, estatui o art. 1.814 do mesmo diploma que são excluídos da sucessão somente "os herdeiros ou legatários". Neste caso, mesmo sendo ela causadora da morte do marido, não pode ser excluída da sucessão para não receber a meação. Embora seja meeira, não é herdeira. Não faz jus à metade dos bens inventariados por direito sucessório, uma vez que, sendo meeira, metade do patrimônio já lhe pertence por direito, independentemente da morte do marido (TJRS, AC 70.073.625.667, j. 22-6-2017).

11 DO PROCEDIMENTO PARA OBTENÇÃO DA EXCLUSÃO

A exclusão do indigno depende de propositura de ação específica, intentada por quem tenha interesse na sucessão, sendo decretada por sentença (art. 1.815), de natureza declaratória. Interessados podem ser o herdeiro ou legatário favorecido com a exclusão do indigno, o município (na falta de sucessores legítimos e testamentários) e o Ministério Público nos casos de prática de homicídio (CC, art. 1.815, § 2º, introduzido pela Lei n. 13.532, de 7-12-2017). Por se tratar de matéria de interesse privado, só estão legitimados para o ajuizamento da ação os que venham a se beneficiar com a exclusão. Caso prefiram manter-se inertes, o indigno não perderá a condição de herdeiro, tendo o Ministério Público legitimidade para impedir que receba os bens da herança, se o ato de indignidade constituir crime.

A morte do indigno extingue a ação, pois acarreta a transmissão dos bens aos seus próprios sucessores, visto que a indignidade só produziria efeito depois de declarada por sentença, e tal pena não deve ir além da pessoa do criminoso. O direito de demandar a exclusão do herdeiro ou legatário extingue-se no prazo decadencial de quatro anos, contado da abertura da sucessão (art. 1.815, parágrafo único).

12 DOS EFEITOS DA EXCLUSÃO

São pessoais os efeitos da exclusão. Os descendentes do herdeiro excluído sucedem, como se ele morto fosse antes da abertura da sucessão (art. 1.816), por estirpe ou representação. Retroagem à data da abertura da sucessão, ou seja, o indigno é obrigado a restituir os frutos e rendimentos que dos bens da herança houver percebido, mas tem direito a ser indenizado das despesas com a conservação deles (art. 1.817, parágrafo único), para que não ocorra o enriquecimento sem causa dos seus sucessores. Os bens retirados do indigno, isto é, os que deixa de herdar e são devolvidos às pessoas que os recebem como se ele nunca tivesse sido herdeiro, são chamados de bens ereptícios. A exclusão acarreta, também, a perda do direito ao usufruto e à administração dos bens que a seus filhos couberem na herança e à sucessão eventual desses mesmos bens (art. 1.816, parágrafo único).

Embora a sentença tenha efeito retro-operante, não pode prejudicar direitos de terceiros de boa-fé. São válidas as alienações onerosas de bens hereditários a estes feitas, e os atos de administração legalmente praticados pelo herdeiro, antes da sentença de exclusão (arts. 1.817 e 1.360), quando ostentava a condição de herdeiro aparente. O herdeiro chamado a suceder em seu lugar, entretanto, quando prejudicado, poderá demandar o ressarcimento dos danos, pleiteando o equivalente em dinheiro dos bens alienados (art. 1.817, parágrafo único).

O Código Civil de 2002 generalizou o preceito dispondo, no parágrafo único do art. 1.827, que "são eficazes as alienações feitas, a título oneroso, pelo herdeiro aparente a terceiro de boa-fé". O art. 1.828, por sua vez, estabelece que "o herdeiro aparente, que de boa-fé houver pago um legado, não está obrigado a pagar o equivalente ao verdadeiro sucessor, ressalvado a este o direito de proceder contra quem o recebeu". A justificativa para o preceito encontra-se no fato de que, ao pagar o legado, de boa-fé, o herdeiro aparente está cumprindo disposição de última vontade do autor da herança, de modo que contra ele nada tem o verdadeiro sucessor, que poderá, contudo, voltar-se contra o legatário. Caberá, desse modo, ao verdadeiro herdeiro a tarefa de reagir contra o legatário, para a restituição daquilo que ele indevidamente recebeu.

Quadro sinótico – Dos excluídos da sucessão

1. Conceito de indignidade	Constitui uma sanção civil imposta ao herdeiro ou legatário, privando-o do direito sucessório por haver praticado contra o *de cujus* os atos considerados ofensivos, enumerados na lei: atentado contra a vida, contra a honra e contra a liberdade de testar (CC, art. 1.814).
2. Causas de exclusão (CC, art. 1.814)	a) autoria ou participação em crime de homicídio doloso, ou em sua tentativa, contra o autor da herança, seu cônjuge, companheiro, ascendente ou descendente; b) acusar o *de cujus* caluniosamente em juízo ou incorrer em crime contra a sua honra, ou de seu cônjuge ou companheiro; c) inibir ou obstar, por violência ou meios fraudulentos, o *de cujus* de dispor livremente de seus bens por ato de última vontade.
3. Reabilitação do indigno	O art. 1.818 do CC possibilita a reabilitação ou perdão do indigno, permitindo-lhe ser admitido a suceder se o ofendido, cujo herdeiro ele for, assim o determinar em testamento ou em outro ato autêntico. Pode este ser considerado qualquer declaração, por instrumento público ou particular, autenticada pelo escrivão.
4. Distinção entre indignidade e deserdação	– A indignidade decorre da lei (a sanção é prevista somente nos casos do mencionado art. 1.814 do CC); na deserdação, é o autor da herança quem pune o responsável, em testamento, desde que fundada em motivo legal (arts. 1.814, 1.962 e 1.963). – A indignidade é instituto da sucessão legítima, malgrado possa alcançar também o legatário, enquanto a deserdação só pode ocorrer na sucessão testamentária (art. 1.964). – A indignidade pode atingir todos os sucessores, legítimos e testamentários, inclusive legatários, ao passo que a deserdação é utilizada pelo testador para afastar de sua sucessão os herdeiros necessários.
5. Procedimento para obtenção da exclusão	A exclusão do indigno depende de propositura de ação específica, intentada por quem tenha interesse na sucessão, no prazo decadencial de quatro anos, contado da abertura da sucessão (CC, art. 1.815, parágrafo único). Só estão legitimados para o ajuizamento da ação os que venham a se beneficiar com a exclusão.
6. Efeitos da exclusão	– São pessoais os efeitos da exclusão. Os descendentes do herdeiro excluído sucedem, como se ele morto fosse antes da abertura da sucessão (CC, art. 1.816), por estirpe ou representação.

6. Efeitos da exclusão	– Os efeitos retroagem à data da abertura da sucessão: o indigno é obrigado a restituir os frutos e rendimentos que dos bens da herança houver percebido, mas tem direito a ser indenizado das despesas com a conservação deles (art. 1.817, parágrafo único). – Os bens retirados do indigno são chamados de bens ereptícios. – A exclusão acarreta, também, a perda do direito ao usufruto e à administração dos bens que a seus filhos couberem na herança e à sucessão eventual desses mesmos bens (art. 1.816, parágrafo único). – Embora a sentença tenha efeito retro-operante, não pode prejudicar direitos de terceiros de boa-fé. São válidas as alienações onerosas a estes feitas pelo herdeiro, quando ostentava a condição de herdeiro aparente (arts. 1.817 e 1.360).

Capítulo VI

DA HERANÇA JACENTE E DA HERANÇA VACANTE

13 DAS HIPÓTESES DE JACÊNCIA

Quando se abre a sucessão sem que o *de cujus* tenha deixado testamento, e não há conhecimento da existência de algum herdeiro, diz-se que a herança é jacente (CC, art. 1.819). Não tem esta personalidade jurídica, consistindo num acervo de bens, administrado por um curador até a habilitação dos herdeiros. Entretanto, reconhece-se-lhe legitimação ativa e passiva para comparecer em juízo (CPC, art. 75, VI). Não havendo herdeiro aparente, o juiz promove a arrecadação dos bens (CPC, art. 738), para preservar o acervo e entregá-lo aos herdeiros que se apresentem ou ao Poder Público, caso a herança seja declarada vacante. Enquanto isso, permanecerá sob a guarda de um curador, nomeado livremente pelo juiz (CC, art. 1.819; CPC, art. 739).

Serão publicados editais, com o prazo de seis meses, contados da primeira publicação, reproduzidos três vezes, com o intervalo de trinta dias, para que venham a habilitar-se os sucessores (CPC, art. 741). Passado um ano da primeira publicação e não havendo herdeiro habilitado nem habilitação pendente, a herança será declarada vacante (CPC, art. 743; CC, art. 1.820).

14 DA VACÂNCIA DA HERANÇA

Serão declarados vacantes os bens da herança jacente se, praticadas todas as diligências, não aparecerem herdeiros (CC, art. 1.820). Dispõe o art. 1.822 do Código Civil: "A declaração de vacância da herança não prejudicará os herdeiros que legalmente se habilitarem; mas, decorridos cinco anos da abertura da sucessão, os bens arrecadados passarão ao domínio do Município ou do Distrito Federal, se localizados nas respectivas circunscrições, incorporando-se ao domínio da

União quando situados em território federal". O prazo de cinco anos conta-se da abertura da sucessão, e não da sentença de declaração de vacância.

Estatui o art. 743, § 2º, do Código de Processo Civil que, "transitada em julgado a sentença que declarou a vacância, o cônjuge, o companheiro, os herdeiros e os credores só poderão reclamar o seu direito por ação direta". Assim, mesmo após o trânsito em julgado da sentença de declaração de vacância, era necessário aguardar o prazo legal de cinco anos, a contar da abertura da sucessão, para eventual habilitação de algum herdeiro legítimo, mesmo colateral, por meio de ação direta, que é a ordinária de petição de herança. Todavia, o novo Código Civil repristinou, nesse particular, o sistema do diploma de 1916, declarando expressamente que ficarão excluídos da sucessão os colaterais que não se habilitarem até a declaração de vacância (art. 1.822, parágrafo único). Não se confundem bens vacantes com coisas ou bens vagos. Estes constituem coisa alheia perdida, que deve ser devolvida ao dono por quem a encontrar.

Quadro sinótico – Herança jacente e herança vacante

1. Herança jacente	Conceito	Diz-se que a herança é jacente quando a sucessão se abre e não há conhecimento da existência de algum herdeiro, não tendo o *de cujus* deixado testamento.
	Natureza jurídica	A herança jacente não tem personalidade jurídica, consistindo num acervo de bens, administrado por um curador até a habilitação dos herdeiros. Entretanto, reconhece-se-lhe legitimação ativa e passiva para comparecer em juízo (CPC, art. 75, VI).
	Arrecadação	Não havendo herdeiro aparente, o juiz promove a arrecadação dos bens (CPC, art. 738), para preservar o acervo e entregá-lo aos herdeiros que se apresentem ou ao Poder Público, caso a herança seja declarada vacante. Enquanto isso, permanecerá sob a guarda de um curador, nomeado pelo juiz. Serão publicados editais para que venham a habilitar-se os sucessores (CPC, arts. 739 a 743).
2. Vacância da herança	Serão declarados vacantes os bens da herança jacente se, praticadas todas as diligências, não aparecerem herdeiros (CC, art. 1.820). Tal declaração não	

2. Vacância da herança	prejudicará os herdeiros que legalmente se habilitarem; mas, decorridos cinco anos da abertura da sucessão, os bens arrecadados passarão ao domínio do Município ou do Distrito Federal, se localizados nas respectivas circunscrições, incorporando-se ao domínio da União quando situados em território federal (CC, art. 1.822). Ficarão excluídos da sucessão os colaterais que não se habilitarem até a declaração de vacância (parágrafo único).

Capítulo VII

DA PETIÇÃO DE HERANÇA

O novo Código Civil introduziu, como último capítulo do Título I ("Da Sucessão em Geral"), o intitulado "Da Petição de Herança" (arts. 1.824 a 1.828), matéria esta tratada, no Código Civil de 1916, no isolado parágrafo único do art. 1.580.

Preceitua o art. 1.824 do novo diploma: "O herdeiro pode, em ação de petição de herança, demandar o reconhecimento de seu direito sucessório, para obter a restituição da herança, ou de parte dela, contra quem, na qualidade de herdeiro, ou mesmo sem título, a possua". A ação, ainda que exercida por um só dos herdeiros, poderá compreender todos os bens hereditários, em razão do princípio da indivisibilidade da herança.

A ação de petição de herança constitui a proteção específica da qualidade de sucessor. Pelo princípio da *saisine*, desde a abertura da sucessão pertence a herança ao herdeiro (CC, art. 1.784). Todavia, pode ocorrer de nela estar investida pessoa aparentemente detentora de título hereditário. Compete aludida ação, conhecida no direito romano como *petitio hereditatis*, ao sucessor preterido, para o fim de ser reconhecido o seu direito sucessório e obter, em consequência, a restituição da herança, no todo ou em parte, de quem a possua, na qualidade de herdeiro, ou mesmo sem título. O verdadeiro sucessor pode ter sido preterido, por exemplo, porque não era conhecido, porque não se encontrou testamento ou porque este veio a ser anulado, ou por se tratar de filho não reconhecido.

Cabe tal ação a quem se intitula herdeiro e reivindica esse título, com o objetivo de obter a restituição da herança, no todo ou em parte. Consideram-se ativamente legitimados tanto o sucessor *ab intestato* como o testamentário, o sucessor ordinário como o reconhecido por ato voluntário dos pais ou por sentença proferida na ação de investigação de paternidade. Legitimam-se, ainda, o sucessor do herdeiro e o herdeiro fideicomissário; e ao herdeiro equipara-se o cessionário da herança. A ação é tanto do titular exclusivo do patrimônio hereditário como daquele que concorre com outros herdeiros para vindicar a parte ideal.

Proclamou a 3ª Turma do Superior Tribunal de Justiça que, "a teor do art. 189 do Código Civil, o termo inicial para o ajuizamento da ação de petição de herança é a data do trânsito em julgado da ação de investigação de paternidade, quando, em síntese, confirma-se a condição de herdeiro" (REsp 1.475.759-DF, j. 17-5-2016).

Legitimado passivamente é o possuidor dos bens hereditários, com o título de herdeiro ou outra qualificação, ou mesmo sem título. Réu nessa ação é, assim, a pessoa que está na posse da herança, como se fosse herdeiro (possuidor *pro herede*), aparentando a qualidade e assumindo a posição de herdeiro, sem que, verdadeiramente, herdeiro seja, ou o que tem a posse de bens hereditários sem título algum que a justifique. Cumulada a petição de herança com investigação de paternidade, constarão como demandados, além do possuidor dos bens hereditários (o cessionário, por exemplo), todos os herdeiros do falecido – e não o espólio –, formando um litisconsórcio passivo necessário, em razão da natureza da relação jurídica (CPC, art. 114), ainda que os herdeiros tenham renunciado à herança ou optado por sua cessão.

A procedência da ação, decretada em sentença transitada em julgado, gera o reconhecimento da ineficácia da partilha em relação ao autor da ação, dispensada a sua anulação. Basta o simples pedido de retificação da partilha realizada anteriormente.

O herdeiro pode demandar os bens da herança, mesmo em poder de terceiros, sem prejuízo da responsabilidade do possuidor originário pelo valor dos bens alienados (art. 1.827, *caput*). O parágrafo único enfatiza a eficácia das alienações feitas, a título oneroso, pelo herdeiro aparente a terceiro de boa-fé.

O herdeiro aparente, que de boa-fé houver pago um legado, não está obrigado a prestar o equivalente ao verdadeiro sucessor, ressalvado a este o direito de proceder contra quem o recebeu (art. 1.828).

O Supremo Tribunal Federal proclamou que a ação de petição de herança não é imprescritível, editando a Súmula 149, do seguinte teor: "É imprescritível a ação de investigação de paternidade, mas não o é a de petição de herança". A pretensão relativa à petição de herança prescreve em dez anos (art. 205).

Quadro sinótico – Da petição de herança

1. Conceito	É a ação que compete ao sucessor preterido, para o fim de ser reconhecido o seu direito sucessório e obter, em consequência, a restituição da herança, no todo ou em parte, de quem a possua, na qualidade de herdeiro, ou mesmo sem título.
2. Legitimidade ativa	Cabe tal ação a quem se intitula herdeiro e reivindica esse título, com o objetivo de obter a restituição da herança, no todo ou em parte.
3. Legitimidade passiva	Réu nessa ação é a pessoa que está na posse da herança, como se fosse herdeiro, aparentando a qualidade e assumindo a posição de herdeiro, sem que, verdadeiramente, herdeiro seja, ou o que tem a posse de bens hereditários sem título algum que a justifique.
4. Efeitos	A procedência da ação, decretada em sentença transitada em julgado, gera o reconhecimento da ineficácia da partilha em relação ao autor da ação, dispensada a sua anulação.
5. Prescrição	A ação de petição de herança pode ser cumulada com a de investigação de paternidade. Proclama a Súmula 149 do STF: "É imprescritível a ação de investigação de paternidade, mas não o é a de petição de herança".

Título II
DA SUCESSÃO LEGÍTIMA

Capítulo I
DA ORDEM DA VOCAÇÃO HEREDITÁRIA

15 INTRODUÇÃO

Dá-se a sucessão legítima ou *ab intestato* em caso de inexistência, invalidade ou caducidade de testamento e, também, em relação aos bens nele não compreendidos. Nestes casos a lei defere a herança a pessoas da família do *de cujus* e, na falta destas, ao Poder Público. A sucessão testamentária pode conviver com a legal ou legítima, em havendo herdeiro necessário, a quem a lei assegura o direito à legítima, ou quando o testador dispõe apenas de parte de seus bens.

O chamamento dos sucessores é feito de acordo com uma sequência denominada ordem da vocação hereditária. Consiste esta, portanto, na relação preferencial pela qual a lei chama determinadas pessoas à sucessão hereditária. O chamamento é feito por classes, sendo que a mais próxima exclui a mais remota. Por isso diz-se que tal ordem é preferencial. A primeira classe é a dos descendentes. Havendo alguém que a ela pertença, afastados ficam todos os herdeiros pertencentes às subsequentes, salvo a hipótese de concorrência com cônjuge sobrevivente ou com companheiro. Dentro de uma mesma classe, a preferência estabelece-se pelo grau: o mais afastado é excluído pelo mais próximo. Se, por exemplo, concorrem descendentes, o filho prefere ao neto.

A sucessão legítima defere-se na ordem seguinte: **a)** aos descendentes, em concorrência com o cônjuge sobrevivente, salvo se casado este com o falecido no regime da comunhão universal, ou no da separação obrigatória de bens (art. 1.640, parágrafo único); ou se, no regime da comunhão parcial, o autor da herança não houver deixado bens particulares; **b)** aos ascendentes, em concorrência com o cônjuge; **c)** ao cônjuge sobrevivente; **d)** aos colaterais (CC, art. 1.829). A sucessão que não obedecer a essa ordem é considerada anômala ou irregular (*v.* n. 2, *retro*). Como exemplos, podem ser citados os arts. 10 e § 1º da Lei de Introdução às Normas do Direito Brasileiro e 5º, XXXI, da Constituição Federal, que regulam a sucessão de bens de estrangeiros situados no País, estabelecendo que deverá prevalecer a lei mais favorável ao cônjuge brasileiro.

Registre-se a incorreta referência, no inciso I do citado art. 1.829, ao art. 1.640, parágrafo único, uma vez que é o art. 1.641 que menciona as hipóteses em que o regime da separação de bens se torna obrigatório no casamento.

O art. 1.790 do Código Civil regula os direitos sucessórios dos companheiros, que concorrem com os parentes sucessíveis do falecido, como se verá adiante, e fazem jus, se não houver nenhum destes, à totalidade da herança. O ente público (município ou Distrito Federal) não mais consta do rol de herdeiros, recolhendo, porém, a herança vacante, quando não houver herdeiros sucessíveis (art. 1.844).

16 DOS DESCENDENTES. CONCORRÊNCIA COM O CÔNJUGE SOBREVIVENTE

São contemplados, genericamente, todos os descendentes (filhos, netos, bisnetos etc.), porém os mais próximos em grau excluem os mais remotos, salvo os chamados por direito de representação. Homens e mulheres têm direitos iguais. O neto, mesmo sendo parente em linha reta em segundo grau do finado, exclui o genitor deste, parente em primeiro grau. Acontece o mesmo com o bisneto.

Segundo o art. 1.835 do Código Civil, os filhos sucedem por cabeça (ou direito próprio), e os outros descendentes, por cabeça ou por estirpe (representação), "conforme se achem ou não no mesmo grau". Sendo três os filhos herdeiros, todos recebem quota igual (sucessão por cabeça). Se um deles já faleceu (é premorto) e deixou dois filhos, netos do *de cujus*, há diversidade em graus, e a sucessão dar-se-á por estirpe, dividindo-se a herança em três quotas iguais: duas serão atribuídas aos filhos vivos e a última será deferida aos dois netos, depois de subdividida em partes iguais. Os últimos herdarão representando o pai premorto. Assim, os filhos sucedem por cabeça, e os netos, por estirpe. Se, no entanto, todos os filhos já faleceram, deixando filhos, netos do finado, estes receberão quotas iguais, por direito próprio, operando-se a sucessão por cabeça, pois encontram-se todos no mesmo grau. Essas quotas chamam-se avoengas, por serem transmitidas diretamente do avô para os netos.

Em face da atual Constituição Federal (art. 227, § 6º), do Estatuto da Criança e do Adolescente (art. 20) e do Código Civil de 2002 (art. 1.596), não mais subsistem as desigualdades entre filhos consanguíneos e adotivos, legítimos e ilegítimos, que constavam dos arts. 377 e 1.605 e parágrafos (o § 1º já estava revogado pelo art. 54 da LD) do Código Civil de 1916. Hoje, todos herdam em igualdade de condições. Mesmo os adotados pelo sistema do diploma revogado (adoção restrita) preferem aos ascendentes. O mesmo ocorre com os filhos consanguíneos havidos fora do casamento, desde que reconhecidos.

O Código Civil de 2002 trouxe importante modificação na ordem de vocação hereditária, incluindo o cônjuge como herdeiro necessário, concorrendo com os descendentes e ascendentes, e não mais sendo excluído por estas classes. O cônjuge sobrevivente permanece em terceiro lugar na referida ordem, mas passa a concorrer em igualdade de condições com os descendentes do falecido, salvo quando já tenha direito à meação em face do regime de bens do casamento. Na falta de descendentes, concorre com os ascendentes. Como herdeiro necessário, tem direito à legítima, como os descendentes e ascendentes do autor da herança, ressalvadas as hipóteses de indignidade e deserdação. Assiste-lhe o direito real de habitação, qualquer que seja o regime de bens, porém não mais faz jus ao usufruto vidual, em razão da concorrência à herança com os descendentes e ascendentes.

Em concorrência com os descendentes, caberá ao cônjuge quinhão igual ao dos que sucederem por cabeça, não podendo a sua quota ser inferior à quarta parte da herança, se for ascendente dos herdeiros com que concorrer (CC, art. 1.832).

O cônjuge supérstite não será chamado a concorrer na herança se casado com o falecido pelo regime da comunhão universal ou pelo regime da separação obrigatória de bens. Se o casamento tiver sido celebrado no regime da comunhão parcial, deixando o falecido bens particulares, receberá aquele a sua meação nos bens comuns adquiridos na constância do casamento e concorrerá com os descendentes apenas na partilha dos bens particulares. Se estes não existirem, receberá somente a sua meação nos aquestos (CC, art. 1.829, I).

Assim, o cônjuge sobrevivente somente concorrerá com os descendentes: **a)** quando estava casado no regime da separação convencional; **b)** quando casado no regime da comunhão parcial e o *de cujus* possuía bens particulares; **c)** quando casado no regime da participação final dos aquestos. Nessa linha o Enunciado 270 aprovado durante a III Jornada de Direito Civil, promovida pelo Conselho da Justiça Federal em dezembro de 2004: "O art. 1.829, I, só assegura ao cônjuge sobrevivente o direito de concorrência com os descendentes do autor da herança quando casados no regime da separação convencional de bens ou, se casados nos regimes da comunhão parcial ou participação final nos aquestos, o falecido possuísse bens particulares, hipóteses em que a concorrência restringe-se a tais bens, devendo os bens comuns (meação) ser partilhados exclusivamente entre os descendentes".

O art. 1.832 do Código Civil estabelece a forma de cálculo da cota devida ao cônjuge, em concurso com descendentes, estatuindo: "Em concorrência com os descendentes (art. 1.829, I) caberá ao cônjuge quinhão igual ao dos que sucederem por cabeça, não podendo a sua quota ser inferior à quarta parte da herança, se for ascendente dos herdeiros com que concorrer". Deve-se considerar que, na concorrência com os descendentes, só existirá o direito do cônjuge à reserva da quarta parte da herança quando todos os descendentes forem comuns; e que, nas hipóteses de filiação híbrida, o quinhão do cônjuge e dos filhos, quanto aos bens particulares do *de cujus*, deve ser rigorosamente igual.

17 DOS ASCENDENTES. CONCORRÊNCIA COM O CÔNJUGE SOBREVIVENTE

Não havendo herdeiros da classe dos descendentes, são chamados à sucessão os ascendentes, em concorrência com o cônjuge sobrevivente (CC, art. 1.836). Nesse caso, a sucessão orienta-se por dois princípios: **a)** "o grau mais próximo exclui o mais remoto, sem distinção de linhas" (§ 1º); **b)** "havendo igualdade em grau e diversidade em linha, os ascendentes da linha paterna herdam a metade, cabendo a outra aos da linha materna" (§ 2º). Importante, também, a regra do art. 1.852: o direito de representação dá-se na linha reta descendente, mas nunca na ascendente.

Há, nesta espécie de sucessão, uma combinação de linhas e graus. O grau mais próximo exclui o mais remoto, sem distinção de linha. Se não há prole, herdam os genitores do falecido, em partes iguais (por direito próprio). Se apenas um está vivo, recebe a totalidade da herança, ainda que estejam vivos os pais do genitor falecido (avós do *de cujus*), pois na linha ascendente não há direito de representação. Se ambos faltarem, herdarão os avós da linha paterna e materna; na falta deles, os bisavós, e assim sucessivamente. Se concorrerem à herança avós de linhas diversas (paterna e materna), em número de quatro, divide-se a herança em partes iguais entre as duas linhas. Se são três os avós (igualdade de graus), sendo dois paternos e um materno (diversidade em linha), reparte-se a herança entre as duas linhas meio a meio, cabendo metade para os dois avós paternos (de uma linha), e metade para o único avô materno (da outra linha).

Concorrendo com ascendente em primeiro grau, ao cônjuge tocará um terço da herança; caber-lhe-á a metade desta se houver um só ascendente, ou se maior for aquele grau (CC, art. 1.837).

18 DO CÔNJUGE, OU COMPANHEIRO, SOBREVIVENTE

Em falta de descendentes e ascendentes, será deferida a sucessão por inteiro ao cônjuge sobrevivente (CC, art. 1.838). Somente é reconhecido direito sucessório a este, porém, se, ao tempo da morte do outro cônjuge, não estavam separados judicialmente, nem separados de fato há mais de dois anos, salvo prova, neste caso, de que essa convivência se tornara impossível sem culpa do sobrevivente (art. 1.830).

O art. 1.831 do Código Civil assegura ao cônjuge supérstite, qualquer que seja o regime de bens e sem prejuízo da participação que lhe caiba na herança, o direito real de habitação relativamente ao imóvel destinado à residência da família, desde que seja o único daquela natureza a inventariar. Se houver dois ou mais imóveis residenciais, não se pode falar em direito real de habitação. Malgrado a omissão do citado dispositivo, esse benefício perdurará enquanto o cônjuge sobrevivente permanecer viúvo e não viver em união estável.

Na III Jornada de Direito Civil, promovida pelo Conselho da Justiça Federal, foi aprovado o Enunciado 271, do seguinte teor: "O cônjuge pode renunciar ao direito real de habitação, nos autos do inventário ou por escritura pública, sem prejuízo de sua participação na herança".

Se duas pessoas são casadas em qualquer regime de bens ou vivem em união estável e uma delas falece, a outra tem, por direito, a segurança de continuar vivendo no imóvel em que residia o casal, desde que o patrimônio seja o único a ser objeto de processo de inventário e mesmo se este foi aberto antes do atual Código Civil. Decidiu o Superior Tribunal de Justiça, a propósito, que "uma interpretação que melhor ampara os valores espelhados pela Constituição Federal é a que cria uma moldura normativa pautada pela isonomia entre a união estável e o casamento. Dessa maneira, tanto o companheiro como o cônjuge, qualquer que seja o regime do casamento, estarão em situação equiparada, adiantando-se, de tal modo, o quadro normativo que só veio a se concretizar explicitamente com a edição do novo Código Civil" (REsp 821.660-DF, 3ª T., rel. Min. Sidnei Beneti).

O casamento nulo somente produz efeitos sucessórios se putativo, beneficiando o cônjuge que o contraiu de boa-fé, se posterior à morte do outro cônjuge a sentença de anulação. Na anulação em vida não há sucessão, pois os bens são partilhados entre ambos.

O cônjuge, sendo herdeiro necessário, não pode ser totalmente excluído da sucessão por testamento deixado pelo *de cujus* (CC, art. 1.850). Tem direito à legítima, ou seja, à metade dos bens da herança (art. 1.846). Quando o regime de bens adotado pelo casal é o da comunhão universal, recolhe ele, não havendo descendentes e ascendentes, nem testamento, a metade do acervo (herança) na condição de herdeiro, porque a outra metade já lhe pertence, constituindo a meação. No regime da comunhão parcial a meação incide sobre o patrimônio comum. Tem a jurisprudência admitido a comunicação dos aquestos (bens adquiridos na constância do casamento a título oneroso) no regime da separação convencional de bens, quando hajam resultado do esforço comum dos cônjuges. A Súmula 377 do Supremo Tribunal Federal dispõe que no "regime de separação legal de bens, comunicam-se os adquiridos na constância do casamento". Vem a jurisprudência limitando essa comunicação aos adquiridos pelo esforço comum dos cônjuges. Mesmo que não exista meação, defere-se ao cônjuge supérstite a herança. Se morrer *ab intestato* aquele que se casara pelo regime de separação de bens, o cônjuge por ele deixado recolherá todo o patrimônio (herança), caso não haja herdeiros das classes anteriores.

A Lei n. 8.971, de 29 de dezembro de 1994, que regulou o direito dos companheiros a alimentos e a sucessão, e a Lei n. 9.278, de 10 de maio de 1996, que regulamentou o art. 226, § 3º, da Constituição Federal, reconhecendo a união estável entre o homem e a mulher como entidade familiar, asseguraram aos companheiros, dentre outros direitos, o de herdar. A Lei n. 8.971/94 ampliou, no art. 2º, III, o rol de herdeiros estabelecido no art. 1.603 do Código de 1916 quando determinou a transmissão do patrimônio ao companheiro ou companheira sobrevivente (inciso III), e não aos colaterais, se inexistissem descendentes ou ascendentes. Como requisito, exigia a referida lei a união com pessoa solteira, separada judicialmente, divorciada ou viúva, bem como a prova da efetiva união marital pelo prazo de cinco anos, ou por qualquer tempo, se houvesse prole.

Com o advento da Lei n. 9.278/96 não mais se exigiam todos esses requisitos para caracterização da sociedade de fato, pois o seu art. 1º reconhecia "como entidade familiar a convivência duradoura, pública e contínua, de um homem e uma mulher, estabelecida com objetivo de constituição de família". Bastava a prova do estabelecimento da sociedade conjugal de fato, com a formação do patrimônio. Vivendo uma pessoa com cônjuge e companheiro, separavam-se as meações de conformidade com as aquisições havidas durante cada união.

As referidas leis foram alvo de muitas críticas, passando a tramitar no Congresso Nacional projeto de lei elaborado pela Presidência da República com o objetivo de melhor regulamentar o aludido dispositivo constitucional e de revogar as mencionadas leis. A promulgação da Lei n. 9.278/96 e a manutenção de dispositivos da Lei n. 8.971/94 que não conflitassem com aquela acabaram por conferir mais direitos à companheira do que à esposa. Esta poderia ter o usufruto vidual ou o direito real de habitação, dependendo do regime de bens adotado no casamento, enquanto aquela poderia desfrutar de ambos os benefícios.

A matéria está, hoje, regulada em apenas cinco artigos (1.723 a 1.727) do Código Civil. Não foi feita nenhuma referência ao direito real de habitação em favor do companheiro sobrevivente, previsto no parágrafo único do art. 7º da Lei n. 9.278/96, nem ao usufruto vidual, pelo fato, neste caso, de concorrer na herança, como herdeiro, com os parentes do *de cujus*.

Mesmo na falta de previsão no Código, sustenta uma corrente doutrinária a subsistência do aludido art. 7º, parágrafo único, da Lei n. 9.278/96, que dispõe sobre a união estável e defere a este o direito real de habitação relativamente ao imóvel destinado à residência da família. Argumenta-se, em defesa do companheiro, não ter havido revogação expressa da referida lei, bem como inexistir incompatibilidade do aludido benefício com qualquer dispositivo do novo Código Civil. Invoca-se, ainda, a extensão analógica do mesmo direito assegurado ao cônjuge sobrevivente no art. 1.831 do aludido diploma. Nessa linha, o Enunciado 117 do Conselho da Justiça Federal, aprovado na I Jornada de Direito Civil, realizada em Brasília em setembro de 2002: "O direito real de habitação deve ser estendido ao companheiro, seja por não ter sido revogada a previsão da Lei n. 9.278/96, seja em razão da interpretação analógica do art. 1.831, informado pelo art. 6º, *caput*, da CF/88".

O art. 1.790 do Código Civil dispunha que a companheira ou o companheiro participará da sucessão do outro, quanto aos bens adquiridos na vigência da união estável, sem receber, no entanto, o mesmo tratamento do cônjuge sobrevivente, que tem maior participação na herança e foi incluído no rol dos herdeiros necessários, ao lado dos descendentes e ascendentes. Se o companheiro concorresse à herança, por exemplo, com colaterais, teria direito a somente um terço desta. Enquanto as citadas leis que disciplinaram a união estável caminharam no sentido de igualar os direitos do companheiro aos do cônjuge, o Código Civil tomou direção oposta.

Dispunha, com efeito, o art. 1.790 do Código Civil: "A companheira ou o companheiro participará da sucessão do outro, quanto aos bens adquiridos onerosamente na vigência da união estável, nas condições seguintes: I – se concorrer com filhos comuns, terá direito a uma quota equivalente à que por lei for atribuída ao filho; II – se concorrer com descendentes só do autor da herança, tocar-lhe-á a metade do que couber a cada um daqueles; III – se concorrer com outros parentes sucessíveis, terá direito a um terço da herança; IV – não havendo parentes sucessíveis, terá direito à totalidade da herança".

Observa-se que o dispositivo restringia o direito do companheiro aos bens que tenham sido adquiridos onerosamente na vigência da união estável; fazia distinção entre a concorrência do companheiro com filhos comuns ou só do falecido; previa o direito apenas à metade do que coubesse aos que descendessem somente do autor da herança e estabelecia um terço na concorrência com herdeiros de outras classes que não os descendentes do falecido; não beneficiava o companheiro com quinhão mínimo na concorrência com os demais herdeiros nem o incluía no rol dos herdeiros necessários; concorria com um terço também com os colaterais e só era chamado a recolher a totalidade da herança na falta destes. O cônjuge, porém, prefere aos parentes da linha transversal, com exclusividade.

No sistema estabelecido, se o autor da herança, por exemplo, deixasse um único bem adquirido onerosamente durante a convivência, um herdeiro filho e companheira, esta receberia 50% do bem pela meação e mais 25% pela concorrência na herança com o filho. Se o autor da herança fosse casado, nas mesmas condições, o cônjuge-viúvo teria direito apenas a 50% pela meação, restando igual percentagem íntegra para o herdeiro filho.

Esse tratamento diverso dado pela legislação ordinária aos direitos do cônjuge e aos do companheiro vinha provocando debate nos tribunais, proclamando alguns julgados a inconstitucionalidade do art. 1.790 do Código Civil, ao fundamento de que o art. 226, § 3º, da Constituição Federal deu tratamento paritário ao instituto da união estável em relação ao casamento (cf. TJRS, Ap. 70.020.389.284, 7ª Câm., j. 12-9-2007).

O Supremo Tribunal Federal reconheceu a existência de repercussão geral da questão suscitada no RE 646.721-RS, que discutia a forma de partilha de bens entre a mãe e o companheiro contra decisão do Tribunal de Justiça do Rio Grande do Sul, que lhe concedeu apenas um terço da herança, aplicando o art. 1.790, III, do Código Civil. No recurso extraordinário, o recorrente alegava que tal dispositivo era inconstitucional porque atentava contra o princípio fundamental da dignidade humana. A referida Corte, no julgamento do referido recurso, em 10 de maio de 2017, declarou, em regime de repercussão geral, suprimido do sistema o mencionado art. 1.790 e seus incisos do Código Civil, proclamando a sua inconstitucionalidade e fixando a seguinte tese:

"No sistema constitucional vigente, é inconstitucional a distinção de regimes sucessórios entre cônjuges e companheiros, devendo ser aplicado em ambos os casos o regime estabelecido no artigo 1.829 desta Corte".

Desse modo, a concorrência sucessória do companheiro sobrevivo com o descendente segue agora o mesmo regime estabelecido para o cônjuge sobrevivo.

19 DOS COLATERAIS

Os colaterais figuram em quarto lugar na ordem da vocação hereditária. Se não houver cônjuge sobrevivente, nas condições estabelecidas no art. 1.830 do Código Civil, serão chamados a suceder os colaterais até o quarto grau (art. 1.839). Entre os colaterais, os mais próximos excluem os mais remotos, salvo o direito de representação concedido aos filhos de irmãos (art. 1.840). Assim, os irmãos (colaterais em segundo grau) afastam os tios (terceiro grau). Abre-se exceção em favor dos sobrinhos (terceiro grau), que herdam representando o pai premorto. Se o *de cujus*, por exemplo, deixa um irmão, dois filhos de outro irmão premorto e três filhos de terceiro irmão, também já falecido, divide-se a herança em três partes iguais, correspondentes às três estirpes. Uma pertencerá, por inteiro, ao irmão sobrevivo, que herdará por direito próprio; a segunda, aos dois sobrinhos, subdividida em partes iguais; e a terceira, aos três últimos sobrinhos, depois de subdividida em três quotas iguais. Os sobrinhos herdam por estirpe. Se, entretanto, os referidos sobrinhos forem falecidos, seus filhos, sobrinhos-netos do *de cujus*, nada herdam, a despeito de serem parentes em quarto grau, porque, como determina o art. 1.840 do Código Civil, o direito de representação só é concedido aos filhos, e não aos netos de irmãos.

Entre irmãos, a sucessão obedece a regras próprias. Se concorrerem à herança irmãos bilaterais ou germanos (filhos do mesmo pai e da mesma mãe) com irmãos unilaterais, cada um destes herdará metade do que cada um daqueles herdar (art. 1.841). Assim, se o falecido deixou quatro irmãos, sendo dois unilaterais e dois bilaterais, e um patrimônio estimado em R$ 30.000,00, os dois últimos receberão, cada qual, R$ 10.000,00, cabendo R$ 5.000,00 a cada um dos unilaterais. Nessa linha, proclamou o Superior Tribunal de Justiça que, no caso em julgamento, "existindo um irmão bilateral e três irmãs unilaterais, a herança divide-se em cinco partes, sendo 2/5 (dois quintos) para o irmão germano e 1/5 (um quinto) para cada irmã unilateral, totalizando para elas 60% (ou 3/5) do patrimônio deixado pelo irmão unilateral falecido" (REsp 1.203.182-MG, 3ª T., rel. Min. Paulo de Tarso Sanseverino, j. 19-9-2013).

Não concorrendo à sucessão irmão bilateral, herdarão, em partes iguais, os unilaterais (art. 1.842), que o fazem por cabeça. Tal regra aplica-se também quando concorrem unicamente irmãos germanos (bilaterais).

Embora sobrinhos e tios sejam parentes colaterais em terceiro grau, a lei dá preferência aos primeiros, ou seja, à energia mais nova, ao dispor que, "na falta de irmãos, herdarão os filhos destes e, não os havendo, os tios" (CC, art. 1.843, *caput*). Se concorrerem à herança somente filhos de irmãos falecidos, herdarão por cabeça (§ 1º). Se todos forem filhos de irmãos germanos, ou todos de irmãos unilaterais, herdarão por igual (§ 3º). Todavia, se concorrerem filhos de irmãos bilaterais com filhos de irmãos unilaterais, cada um destes herdará a metade do que herdar cada um daqueles (§ 2º). Apesar de a sucessão continuar sendo por cabeça, se houver dois sobrinhos filhos de irmãos unilaterais e dois filhos de irmãos bilaterais, a divisão far-se-á por seis (atribuem-se duas porções simples para os unilaterais e duas dobradas para os bilaterais), e a parte atribuível aos últimos será multiplicada por dois. Não havendo sobrinhos, chamam-se os tios do falecido, e depois os primos-irmãos, sobrinhos-netos e tios-avós, que são parentes colaterais em quarto grau. Como não existe representação, sucedem por direito próprio, herdando todos igualmente, sem qualquer distinção.

Decidiu, a propósito, o Superior Tribunal de Justiça que "prima é parente em 4º grau, não podendo representar sua mãe, sendo excluída da sucessão por não concorrer com os tios, parentes de 3º grau colateral" (Ag. Reg. no REsp 950.301-SP).

20 DO MUNICÍPIO, DO DISTRITO FEDERAL E DA UNIÃO

Não sobrevivendo cônjuge, ou companheiro, nem parente algum sucessível, ou tendo eles renunciado à herança, esta se devolve ao município ou ao Distrito Federal, se localizada nas respectivas circunscrições, ou à União, quando situada em território federal (CC, art. 1.844). O Poder Público não é herdeiro, não lhe sendo, por isso, reconhecido o direito de *saisine*. Apenas recolhe a herança na falta de herdeiros. Não adquire o domínio e a posse da herança no momento da abertura da sucessão. Não havendo herdeiros, a herança torna-se jacente, transformando-se posteriormente em vacante, passando então os bens ao domínio público (CC, art. 1.822; CPC, arts. 738 e s.).

Não sendo herdeiro, o Estado não aceita a herança, nem lhe é dado repudiá-la ou renunciá-la. Torna-se, destarte, sucessor obrigatório. O mesmo não se pode dizer do legado, especialmente quando acompanhado de encargo. É que a sucessão *ab intestato* do Estado defere-se *ope legis*, ao passo que a instituição testamentária, como ato de vontade, não tem força coercitiva.

Quadro sinótico – Da ordem da vocação hereditária

1. Sucessão legítima	Dá-se a sucessão legítima ou *ab intestato* em caso de inexistência, invalidade ou caducidade do testamento, e também em relação aos bens nele não compreendidos. Nesses casos, a lei defere a herança a pessoas da família do *de cujus* e, na falta destas, ao Poder Público.	
2. Ordem da vocação hereditária	**Conceito**	Consiste na relação preferencial pela qual a lei chama determinadas pessoas à sucessão hereditária.
	Chamamento dos sucessores	– O chamamento é feito por classes, sendo que a mais próxima exclui a mais remota. Por isso diz-se que tal ordem é preferencial. – A primeira classe é a dos descendentes. Havendo alguém que a ela pertença, afastados ficam todos os herdeiros pertencentes às subsequentes, salvo a hipótese de concorrência com cônjuge sobrevivente ou com companheiro. – Dentro de uma mesma classe, a preferência estabelece-se pelo grau: o mais afastado é excluído pelo mais próximo.

2. Ordem da vocação hereditária	Ordem preferencial (CC, art. 1.829)	**a)** descendentes, em concorrência com o cônjuge sobrevivente, salvo se casado este com o falecido no regime da comunhão universal, ou no da separação obrigatória de bens; ou se, no regime da comunhão parcial, o autor da herança não houver deixado bens particulares; **b)** ascendentes, em concorrência com o cônjuge; **c)** cônjuge sobrevivente; **d)** colaterais.
3. Descendentes	Sucessão	– São contemplados todos os descendentes, porém os mais próximos em grau excluem os mais remotos, salvo os chamados por direito de representação (CC, art. 1.833). – Os filhos sucedem por cabeça (ou direito próprio), e os outros descendentes, por cabeça ou por estirpe (representação), conforme se achem ou não no mesmo grau (art. 1.835).
	Concorrência com o cônjuge sobrevivente	Em concorrência com os descendentes, caberá ao cônjuge quinhão igual ao dos que sucederem por cabeça, não podendo a sua quota ser inferior à quarta parte da herança, se for ascendente dos herdeiros com que concorrer (CC, art. 1.832).
4. Ascendentes	Sucessão	– Não havendo herdeiros da classe dos descendentes, são chamados à sucessão os ascendentes, em concorrência com o cônjuge sobrevivente (CC, art. 1.836). – A sucessão, nesse caso, orienta-se por dois princípios: **a)** "o grau mais próximo exclui o mais remoto, sem distinção de linhas" (§ 1º); **b)** "havendo igualdade em grau e diversidade em linha, os ascendentes da linha paterna herdam a metade, cabendo a outra aos da linha materna" (§ 2º). – O direito de representação dá-se na linha reta descendente, mas nunca na ascendente (art. 1.852).
	Concorrência com o cônjuge sobrevivente	Concorrendo com ascendente em primeiro grau, ao cônjuge tocará um terço da herança; caber-lhe-á a metade desta se houver um só ascendente, ou se maior for aquele grau (CC, art. 1.837).
5. Cônjuge sobrevivente	– Em falta de descendentes e ascendentes, será deferida a sucessão por inteiro ao cônjuge sobrevivente (CC, art. 1.838), desde que, ao tempo da morte do outro cônjuge, não estavam separados judicialmente, nem separa-	

5. Cônjuge sobrevivente	dos de fato há mais de dois anos, salvo prova, nesse caso, de que essa convivência se tornara impossível sem culpa do sobrevivente (art. 1.830). – O cônjuge, sendo herdeiro necessário, não pode ser excluído da sucessão por testamento deixado pelo *de cujus* (CC, art. 1.850). – No regime da separação legal de bens, comunicam-se os adquiridos na constância do casamento (STJ, Súmula 377). – Tem a jurisprudência admitido a comunicação dos aquestos no regime da separação convencional de bens, quando tenham resultado do esforço comum dos cônjuges.
6. Companheiros sobreviventes	O Supremo Tribunal Federal reconheceu a inconstitucionalidade do art. 1.790 e incisos do Código Civil, afastando-os do sistema ao proclamar a sua inconstitucionalidade e fixando a seguinte tese: "No sistema constitucional vigente, é inconstitucional a distinção de regimes sucessórios entre cônjuges e companheiros, devendo ser aplicado em ambos os casos o regime estabelecido no artigo 1.829 desta Corte". Desse modo, a concorrência sucessória do companheiro sobrevivo com o descendente segue agora o mesmo regime estabelecido para o cônjuge sobrevivo.
7. Colaterais	– Figuram em quarto lugar na ordem da vocação hereditária. Serão chamados a suceder se não houver cônjuge sobrevivente (CC, art. 1.839). – Se houver companheiro, concorrerão com ele, cabendo àquele um terço da herança (art. 1.790, III). – Entre os colaterais, os mais próximos excluem os mais remotos, salvo o direito de representação concedido aos filhos de irmãos (art. 1.840).
8. Município, Distrito Federal e União	– Não sobrevivendo cônjuge, ou companheiro, nem parente algum sucessível, ou tendo ele renunciado à herança, esta se devolve ao Município ou ao Distrito Federal, se localizada nas respectivas circunscrições, ou à União, quando situada em território federal (CC, art. 1.844). – O Poder Público não é herdeiro, não lhe sendo, por isso, reconhecido o direito de *saisine*. Apenas recolhe a herança na falta de herdeiros. – Não havendo herdeiros, a herança torna-se jacente, transformando-se posteriormente em vacante, passando então os bens ao domínio público (CC, art. 1.822; CPC, arts. 738 e s.).

Capítulo II

DOS HERDEIROS NECESSÁRIOS

21 DA LEGÍTIMA E DA METADE DISPONÍVEL

Herdeiro necessário (legitimário ou reservatário) é o descendente (filho, neto, bisneto etc.) ou ascendente (pai, avô, bisavô etc.) sucessível, ou seja, é todo parente em linha reta não excluído da sucessão por indignidade ou deserdação, bem como o cônjuge (CC, art. 1.845). A ele a lei assegura o direito à legítima, que corresponde à metade dos bens do testador (art. 1.846). A outra, denominada porção ou quota disponível, pode ser deixada livremente. Se não existe descendente, ascendente ou cônjuge, o testador desfruta de plena liberdade, podendo transmitir todo o seu patrimônio (que, neste caso, não se divide em legítima e porção disponível) a quem desejar, exceto às pessoas não legitimadas a adquirir por testamento (arts. 1.798 e 1.801).

No regime da comunhão universal de bens, o patrimônio do casal é dividido em duas meações. Como não se admite testamento conjuntivo, cada cônjuge deve, se deseja manifestar a sua última vontade, fazer o seu, nele dispondo de sua meação para depois de sua morte. A meação, havendo herdeiros necessários, é dividida em legítima e metade disponível. A primeira, neste caso, corresponde a 1/4 do patrimônio do casal, ou à metade da meação do testador. Dela o herdeiro necessário não pode ser privado, pois é herdeiro forçado, imposto pela lei. A legítima, ou reserva, vem a ser, pois, a porção de bens que a lei assegura a ele.

Calcula-se a legítima sobre o valor dos bens existentes na abertura da sucessão, abatidas as dívidas e as despesas do funeral, adicionando-se, em seguida, o valor dos bens sujeitos a colação (CC, art. 1.847). As dívidas constituem o passivo do *de cujus* e devem ser abatidas do monte para que se apure o patrimônio líquido e real transmitido aos herdeiros. Se absorvem todo o acervo, não há herança. As despesas de funeral constituem dispêndios desta (art. 1.998), que devem ser atendidas de preferência aos herdeiros e legatários.

O patrimônio líquido é dividido em duas metades, correspondendo, uma delas, à legítima, e a outra, à quota disponível. Ambas, em princípio, têm o mesmo valor. O da primeira, no entanto, pode eventualmente superar o da segunda se o testador tiver feito doações aos seus descendentes, as quais devem vir à colação. Esta tem por fim conferir e igualar a legítima dos herdeiros necessários. Ressalve-se que, no entanto, o doador pode dela dispensar o descendente beneficiado (art. 2.005). Doações a ascendentes não obrigam à colação.

"O herdeiro necessário, a quem o testador deixar a sua parte disponível, ou algum legado, não perderá o direito à legítima" (CC, art. 1.849). Como só aos descendentes, ascendentes e cônjuge é assegurado o direito à legítima, os herdeiros colaterais podem ser excluídos da sucessão. Não se exige que a exclusão seja expressa. Basta que o testador não os contemple em testamento (art. 1.850). Aqueles, no entanto, só podem ser privados do direito sucessório motivadamente, por meio de testamento, se derem causa à deserdação.

Apesar de ser defesa a inclusão do cônjuge casado em regime de separação obrigatória de bens, como herdeiro necessário, é certo que poderá ser eleito como herdeiro testamentário, tendo em vista que não há vedação legal que o coíba ser destinatário da metade disponível da herança do *de cujus* (TJDF, Ac. 504.079).

22 DAS CLÁUSULAS RESTRITIVAS

Não obstante o direito à legítima assegurado aos herdeiros necessários, o Código Civil de 1916 permitia ao testador: **a)** determinar a conversão dos bens que a compõem em outras espécies; **b)** prescrever-lhes a incomunicabilidade; **c)** confiá-los à livre administração da mulher herdeira, excluindo da gestão o marido; **d)** estabelecer-lhes condições de inalienabilidade temporária ou vitalícia. Era temporária quando devia vigorar por certo tempo (p. ex., por 10 anos); e vitalícia, se destinada a viger durante a existência da pessoa beneficiada.

O novo diploma, no entanto, proíbe expressamente a conversão dos bens da legítima em outros de espécie diversa (art. 1.848, § 1º). Veda, ainda, a imposição de cláusula de inalienabilidade, impenhorabilidade e incomunicabilidade sobre os bens da legítima, salvo se houver justa causa, declarada no testamento (art. 1.848, *caput*). A limitação restringe-se ao testador e à legítima, não alcançando a parte disponível nem o doador, mesmo porque o art. 1.911 dispõe que "a cláusula de inalienabilidade, imposta aos bens por ato de liberalidade, implica impenhorabilidade e incomunicabilidade". Justifica-se a restrição no tocante à legítima por se tratar de quota legalmente reservada sobre os bens do espólio.

O § 2º do art. 1.848 permite a sub-rogação do vínculo, mediante autorização judicial e havendo justa causa, alienando-se os bens gravados e convertendo-se o produto em outros bens, que ficarão sub-rogados nos ônus dos primeiros. Desse modo, demonstrada justa causa, pode o juiz autorizar a venda de imóvel gravado com cláusula de inalienabilidade, utilizando-se o produto na aquisição de outro imóvel de igual valor, ao qual serão transferidos os referidos ônus. Pode o testador, ainda, subtrair ao usufruto paterno os bens deixados, bem como excluí-los da administração do genitor (art. 1.693, III).

A cláusula de inalienabilidade, entretanto, nos casos em que é admitida, não obstará a livre disposição dos bens por testamento e, em falta deste, a sua transmissão, desembaraçados de qualquer ônus, aos herdeiros legítimos, pois, quando vitalícia, extingue-se com a morte do herdeiro necessário, não podendo ultrapassar uma geração. Como o testamento só produz efeitos após a morte do testador, quando os bens já estarão livres da restrição, a deixa é válida. Nessa consonância, proclamou o Superior Tribunal de Justiça: "A cláusula de inalienabilidade e impenhorabilidade, disposta no testamento em favor da herdeira necessária, desaparece com o seu falecimento. A cláusula pode apenas atingir os bens integrantes da legítima enquanto estiver vivo o herdeiro, passando livres e desembaraçados aos herdeiros deste" (REsp 8.480-SP, 4ª T., rel. Min. Rosado de Aguiar, *DJU*, 24-6-1996, p. 22769).

A inalienabilidade pode ser, ainda, absoluta, quando prevalecerá em qualquer caso e com relação a qualquer pessoa, e relativa, se facultada a alienação em determinadas circunstâncias ou a determinada pessoa, indicada pelo testador.

Como já salientado, dispõe o art. 1.911 do Código Civil que "a cláusula de inalienabilidade, imposta aos bens por ato de liberalidade, implica impenhorabilidade e incomunicabilidade". Se assim não fosse, pelo casamento contraído sob o regime da comunhão universal de bens, o beneficiário transmitiria metade dos bens inalienáveis ao seu cônjuge. A incomunicabilidade, contudo, não acarreta a inalienabilidade do bem. Assim, bens gravados somente com a primeira cláusula não se tornam inalienáveis. A impenhorabilidade dos bens decorre do fato de a penhora representar começo de venda, forçada ou judicial. Os bens da legítima não podem ser objeto de fideicomisso, pois pertencem aos herdeiros necessários, a quem se faculta o direito de dispor deles por testamento. Não pode, desse modo, o testador determinar a sua passagem ao substituto designado (fideicomissário).

Os frutos e rendimentos caracterizam-se pela sua alienabilidade, pois destinam-se à satisfação das necessidades do titular da coisa. Desse modo, a cláusula de inalienabilidade imposta a esta não os atinge. Há uma corrente que admite, no entanto, que o testador pode gravá-los expressamente, juntamente com a coisa principal. Merece ser prestigiada, entretanto, a corrente contrária, que entende não poderem ser clausurados, para que a propriedade não se torne de todo inútil ao dono. Como, não obstante, podem ser gravados com a impenhorabilidade, consoante entendimento majoritário, uma cláusula que os onere também com a inalienabilidade deve ser interpretada como relativa apenas à primeira restrição. Somente os bens seriam inalienáveis, permanecendo disponíveis os frutos e os rendimentos, embora impenhoráveis.

Quadro sinótico – Dos herdeiros necessários

1. Conceito	Herdeiro necessário (legitimário ou reservatário) é o descendente (filho, neto, bisneto etc.) ou ascendente (pai, avô, bisavô etc.) sucessível, ou seja, é todo parente em linha reta não excluído da sucessão por indignidade ou deserdação, bem como o cônjuge (CC, art. 1.845).
2. Legítima e metade disponível	Ao herdeiro necessário a lei assegura o direito à legítima, que corresponde à metade dos bens do testador (CC, art. 1.846). A outra, denominada metade ou porção disponível, pode ser deixada livremente. Se não existe herdeiro necessário, a liberdade de testar é plena, podendo o testador transmitir todo o seu patrimônio a quem desejar, exceto às pessoas não legitimadas a adquirir por testamento (arts. 1.798 e 1.801).
3. Cálculo da legítima	Calcula-se a legítima sobre o valor dos bens existentes na abertura da sucessão, abatidas as dívidas e as despesas do funeral, adicionando-se, em segui-

3. Cálculo da legítima	da, o valor dos bens sujeitos a colação (CC, art. 1.847). O herdeiro necessário, a quem o testador deixar a sua parte disponível, ou algum legado, não perderá o direito à legítima (art. 1.849).
4. Exclusão dos colaterais	Para excluir da sucessão os herdeiros colaterais, basta que o testador disponha de seu patrimônio sem os contemplar (CC, art. 1.850), uma vez que só aos descendentes, ascendentes e cônjuge é assegurado o direito à legítima.
5. Cláusulas restritivas	– O CC proíbe expressamente a conversão dos bens da legítima em outros de espécie diversa (art. 1.848, § 1º). – Veda, ainda, a imposição de cláusula de inalienabilidade, impenhorabilidade e incomunicabilidade sobre os bens da legítima, salvo se houver justa causa, declarada no testamento (art. 1.848, *caput*). – A limitação restringe-se ao testador e à legítima, não alcançando a parte disponível nem o doador. A cláusula de inalienabilidade, imposta aos bens por ato de liberalidade, implica impenhorabilidade e incomunicabilidade (art. 1.911). – Permite-se a sub-rogação do vínculo, mediante autorização judicial e havendo justa causa, alienando-se os bens gravados e convertendo-se o produto em outros bens, que ficarão sub-rogados nos ônus dos primeiros (art. 1.848, § 2º).

Capítulo III

DO DIREITO DE REPRESENTAÇÃO

23 CONCEITO E REQUISITOS

Dá-se a sucessão por direito próprio quando a herança é deferida ao herdeiro mais próximo. E por representação, quando chamado a suceder em lugar de parente mais próximo do autor da herança, porém premorto, ausente ou incapaz de suceder. Assim, se o *de cujus* deixa descendentes, sucedem-lhe estes por direito próprio. Se, no entanto, um dos filhos já é falecido, o seu lugar é ocupado pelos filhos que porventura tenha, que herdam por representação ou estirpe. Ocorre, pois, a sucessão por representação "quando a lei chama certos parentes do falecido a suceder em todos os direitos, em que ele sucederia, se vivo fosse" (art. 1.851). Há quem prefira afirmar que a vocação hereditária é direta, quando a condição de herdeiro resulta do parentesco ou da vontade do testador, ou indireta, se emana da lei, mas o herdeiro próximo, por ausência, é substituído pelo seu descendente. Neste caso, não haveria propriamente representação, mas substituição, por força de lei. A representação é restrita à sucessão legítima, não se aplicando à testamentária. Nesta, porém, admite-se a substituição vulgar determinada pelo testador. Pode este estipular, no ato de última vontade, que os bens por ele deixados passem, por pré-morte do beneficiário, a seus herdeiros legítimos.

A finalidade do direito de representação é mitigar o rigor da regra de que o grau mais próximo exclui o mais remoto. São seus requisitos: **a)** que o representado tenha falecido antes do representante, salvo as hipóteses de ausência (desaparecimento do domicílio sem dar notícia do paradeiro), indignidade e deserdação (v. arts. 744 do CPC e 1.814 e 1.816 do CC, cujas causas aplicam-se à deserdação); **b)** que o representante seja descendente do representado; **c)** que o representante tenha legitimação para herdar do representado, no momento da abertura da sucessão (o excluído da sucessão do pai não o pode representar na sucessão do avô); **d)** que não haja solução de continuidade no encadeamento dos graus entre representante e representado (não pode o neto saltar sobre o pai vivo, a fim de representá-lo na herança do avô, salvo em caso de ausência, indignidade ou deserdação); **e)** que reste, no mínimo, um filho do *de cujus* ou, na linha colateral, um irmão do falecido (porque se todos os filhos do falecido já morreram, ou todos os irmãos deste, os netos, no primeiro caso, e os sobrinhos, no segundo, herdam por direito próprio).

Somente se verifica o direito de representação na linha reta descendente, nunca na ascendente (art. 1.852). Na linha colateral, ocorrerá em favor dos filhos de irmãos do falecido (dos sobrinhos) quando com irmão deste concorrerem (art. 1.853). Se o finado deixa apenas sobrinhos, herdam estes por cabeça e em partes iguais. Não há direito de representação em favor de filhos de sobrinhos. Se o *de cujus* deixa apenas sobrinhos, e um deles é também falecido, os filhos deste não herdam. A herança é deferida unicamente e por inteiro aos sobrinhos sobreviventes, excluindo-se, assim, os sobrinhos-netos. Também não há direito de representação se não se trata de sucessão de tio. Desse modo, se o falecido tinha como único herdeiro um primo-irmão, só este recolhe a herança, ainda que tenha tido outro primo-irmão, anteriormente falecido e que tenha deixado filhos. Não podem, ainda, os netos de irmãos pretender o direito de representação, só concedido a filhos de irmãos, porquanto na classe dos colaterais os mais próximos excluem os mais remotos (art. 1.840). Por fim, "ninguém pode suceder, representando herdeiro renunciante" (art. 1.811), que é havido como estranho à herança e não pode, assim, ser substituído pelo seu descendente.

24 DOS EFEITOS

O principal efeito da representação é atribuir o direito sucessório a pessoas que não sucederiam, por existirem herdeiros de grau mais próximo, mas que acabam substituindo um herdeiro premorto. Pelo fato de os representantes sucederem diretamente o *de cujus*, não estão obrigados pelas dívidas do representado, mas somente pelas daquele. Só podem herdar, como tais, o que herdaria o representado, se vivo fosse (art. 1.854), ou seja, não recebem menos nem mais do que receberia o representado. O quinhão do representado "partir-se-á por igual entre os representantes" (art. 1.855).

O "renunciante à herança de uma pessoa poderá representá-la na sucessão de outra"(art. 1.856). Assim, se um dos filhos repudiar a herança, os seus filhos, netos do falecido, não herdarão por representação, mas o renunciante poderá representar o *de cujus* na sucessão de terceira pessoa, porque a renúncia não se estende a outra herança. Pode, assim, haver renúncia à herança do pai (para beneficiar um irmão mais necessitado, p. ex.), sem que tal ato importe renúncia à herança do avô, para a qual o renunciante pode ser chamado, representando seu pai, premorto. Outro efeito da representação é a obrigação de os netos, representando seus pais, levarem à colação as doações que estes receberam do avô, cujos bens estão sendo inventariados (art. 2.009).

Quadro sinótico – Do direito de representação

1. Conceito	Dá-se a sucessão por direito próprio quando a herança é deferida ao herdeiro mais próximo. E por representação quando chamado a suceder em lugar de parente mais próximo do autor da herança, porém premorto, ausente ou incapaz de suceder. Assim, se um dos filhos já é falecido, o seu lugar é ocupado pelos filhos que porventura tenha, os quais herdam por representação ou estirpe (CC, art. 1.851).
2. Finalidade	A finalidade do direito de representação é mitigar o rigor da regra de que o grau mais próximo exclui o mais remoto.
3. Requisitos	a) que o representado tenha falecido antes do representante, salvo as hipóteses de ausência, indignidade e deserdação; b) que o representante seja descendente do representado; c) que o representante tenha legitimação para herdar do representado, no momento da abertura da sucessão; d) que não haja solução de continuidade no encadeamento dos graus entre representante e representado.
4. Hipóteses	– Somente se verifica o direito de representação na linha reta descendente, nunca na ascendente (CC, art. 1.852). – Na linha colateral, ocorrerá em favor dos filhos de irmãos do falecido (dos sobrinhos) quando com irmão deste concorrerem (art. 1.853). – Ninguém pode suceder, representando herdeiro renunciante, que é havido como estranho à herança (art. 1.811).

5. Efeitos	– Atribui o direito sucessório a pessoas que não sucederiam, por existirem herdeiros de grau mais próximo, mas que acabam substituindo um herdeiro premorto. – Os representantes herdam exatamente o que o representado herdaria, se vivesse (CC, art. 1.854). – A quota hereditária do representante não responde pelas dívidas do representado, mas pelas do autor da herança, a quem sucede diretamente. – O quinhão do representado "partir-se-á por igual entre os representantes" (art. 1.855). – O renunciante à herança de uma pessoa poderá representá-la na sucessão de outra (art. 1.856). – Os netos, representando seus pais, têm a obrigação de levar à colação as doações que estes receberam do avô, cujos bens estão sendo inventariados (art. 2.009).

Título III
DA SUCESSÃO TESTAMENTÁRIA

Capítulo I
DO TESTAMENTO EM GERAL

25 CONCEITO

Dá-se a sucessão legítima quando a herança é deferida a pessoas da família do *de cujus*, por não ter este deixado testamento, ou por ineficaz ou caduco o seu ato de última vontade. Como o autor da herança pode dispor de seu patrimônio alterando a ordem da vocação hereditária prevista na lei, respeitados os direitos dos herdeiros necessários, se não fez testamento, presume-se estar de acordo com a referida ordem. Por isso diz-se que a sucessão legítima representa a vontade presumida do *de cujus* e tem caráter supletivo.

A sucessão testamentária decorre de expressa manifestação de última vontade, em testamento ou codicilo. A vontade do falecido, a quem a lei assegura a liberdade de testar, limitada apenas pelos direitos dos herdeiros necessários, constitui, neste caso, a causa necessária e suficiente da sucessão. Tal espécie permite a instituição de herdeiros e legatários, que são, respectivamente, sucessores a título universal e particular. Embora não se admitam os pactos sucessórios, que têm por objeto herança de pessoa viva (CC, art. 426), considera-se válida a partilha em vida, sob a forma de doação do ascendente aos descendentes (art. 2.018).

O testamento constitui ato de última vontade, pelo qual o autor da herança dispõe de seus bens para depois da morte e faz outras disposições. O Código Civil considera testamento o ato personalíssimo e revogável pelo qual alguém dispõe da totalidade dos seus bens, ou de parte deles, para depois de sua morte (arts. 1.857 e 1.858). Essa noção limita a manifestação de vontade às disposições patrimoniais, quando se sabe que a vontade do testador pode ser externada para fins de reconhecimento de filhos havidos fora do casamento (CC, art. 1.609, III), nomeação de tutor para filho menor (art. 1.729, parágrafo único), reabilitação do indigno (art. 1.818), instituição de fundação (art. 62), imposição de cláusulas restritivas se houver justa causa (art. 1.848) etc. Por essa razão, o referido diploma acrescenta, no § 2º do citado art. 1.857, que "são válidas as disposições testamentárias de caráter não patrimonial, ainda que o testador somente a elas se tenha limitado". E, no § 1º, confirma a regra de que a legítima pertence aos herdeiros necessários de pleno direito (art. 1.846), prescrevendo: "A legítima dos herdeiros necessários não poderá ser incluída no testamento". Extingue-se em cinco anos o direito de impugnar a validade do testamento, contado o prazo decadencial da data do seu registro (art. 1.859).

Indaga-se se seria possível converter o testamento nulo em outro que não contivesse os mesmos requisitos, com base no art. 170 do Código Civil, que estatui: "Se, porém, o negócio jurídico nulo contiver os requisitos de outro, subsistirá este quando o fim a que visavam as partes permitir supor que o teriam querido, se houvessem previsto a nulidade". No intuito de salvar o negócio jurídico, que padece de vício insanável, permite a lei a sua conversão, como decorrência direta do princípio da conservação dos negócios jurídicos. Imagine-se o exemplo de um testamento público que conta com a assinatura de quatro testemunhas, apesar de a lei só exigir duas, que, por um lapso, deixa de ser assinado pelo tabelião. Como instrumento público, o testamento é nulo, mas converte-se em testamento particular (que só exige a presença de três testemunhas), ocorrendo a conversão formal, pois a forma pública nula converte-se em forma particular válida.

26 CARACTERÍSTICAS

As principais características do testamento são:

a) ser um ato personalíssimo, privativo do autor da herança. Não se admite a sua feitura por procurador, nem mesmo com poderes especiais;

b) constituir negócio jurídico unilateral, isto é, aperfeiçoar-se com uma única manifestação de vontade, a do testador (declaração não receptícia de vontade), e prestar-se à produção de diversos efeitos por ele desejados e tutelados na ordem jurídica. É proibido (CC, art. 1.863) o testamento conjuntivo (de mão comum ou mancomunado), feito por duas ou mais pessoas, seja simultâneo (disposição conjunta em favor de terceira pessoa), recíproco (instituindo benefícios mútuos) ou correspectivo (disposições em retribuição de outras correspondentes). Justifica-se a proibição porque tais disposições constituem espécies de pacto sucessório e contrariam uma característica essencial do testamento, que é a revogabilidade. Nada impede que o casal, desejando testar simultaneamente, compareça ao Cartório de Notas e ali cada qual faça o seu testamento, em cédulas testamentárias distintas. É vedada somente a feitura conjunta por marido e mulher, no mesmo instrumento. Elaborando-os separadamente, ainda que na mesma ocasião e perante o mesmo tabelião, podem deixar os bens um para o outro. Neste caso, os testamentos não são considerados conjuntivos, pois cada qual conserva a sua autonomia;

c) ser solene: só terá validade se forem observadas todas as formalidades essenciais prescritas na lei (*ad solemnitatem*). Excetua-se o testamento nuncupativo (de viva voz), admissível somente como espécie de testamento militar (art. 1.896);

d) ser um ato gratuito, pois não visa à obtenção de vantagens para o testador. A imposição de encargo ao beneficiário não lhe retira tal característica;

e) ser essencialmente revogável (CC, art. 1.969), sendo nula a cláusula que proíbe a sua revogação. A revogabilidade é da essência do testamento (art. 1.858, 2ª parte), não estando o testador obrigado a declinar os motivos de sua ação. Pode usar do direito de revogá-lo, total ou parcialmente, quantas vezes quiser. Há, no entanto, uma exceção: por força do art. 1.609, III, do Código Civil, o testamento é irrevogável na parte em que, eventualmente, o testador tenha reconhecido um filho havido fora do matrimônio;

f) ser, também, ato *causa mortis*: produz efeitos somente após a morte do testador.

Capítulo II

DA CAPACIDADE DE TESTAR

A capacidade testamentária ativa constitui a regra. O art. 1.860 do Código Civil declara que só não podem testar os incapazes e os que, no ato de fazê-lo, não tiverem pleno discernimento. Exceto estas, todas as pessoas podem fazer testamento válido. Desse modo, podem testar, por exemplo, o cego, o analfabeto, o falido etc. Substituiu-se, com vantagem, a expressão "não estejam em seu perfeito juízo", que constava do Código Civil de 1916, por "não tiverem pleno discernimento". Dentre os incapazes em geral, só os maiores de dezesseis anos, por exceção, podem testar (art. 1.860, parágrafo único), mesmo sem a assistência de seu representante legal. Malgrado dela necessitem para a prática dos demais atos da vida civil, por força das regras de caráter geral sobre capacidade, podem dispensá-la para fazer testamento, pois a regra especial do citado parágrafo único do art. 1.860 prevalece sobre aquelas e só considera incapazes, para esse fim, os menores de dezesseis anos. Os que já atingiram essa idade são, portanto, capazes para testar, agindo sozinhos.

Os privados do necessário discernimento para a prática dos atos da vida civil, por enfermidade ou deficiência mental, eram considerados absolutamente incapazes pelo art. 3º, II, do Código Civil e, por esse motivo, incapazes de testar (art. 1.860, 1ª parte). Sua situação não se confunde com a das pessoas mencionadas na segunda parte do aludido dispositivo, ou seja, com a das que, no ato de testar, não tiverem pleno discernimento. Estas não são amentais: apenas não se encontram, no momento de testar, em seu perfeito juízo, em virtude de alguma patologia (arteriosclerose, excessiva pressão arterial), embriaguez, uso de entorpecente ou de substâncias alucinógenas, hipnose ou outras causas semelhantes e transitórias. Não pode testar o surdo-mudo que não tiver desenvolvimento mental completo (CC, art. 4º, III) e que, por isso, não puder manifestar a sua vontade. O que recebeu educação adequada e aprendeu a exprimi-la, sem ter o seu discernimento reduzido, não perde a capacidade testamentária ativa, mas só lhe é permitido fazer testamento cerrado, na forma do art. 1.873.

Na conformidade do disposto na segunda parte do art. 1.860 do Código Civil, será nulo o testamento efetuado por quem, no ato de testar, "não tenha pleno discernimento", mesmo não sendo mais considerado absolutamente incapaz pela Lei n. 13.146, de 6 de julho de 2015, denominada "Estatuto da Pessoa com Deficiência". Não se trata, como já dito, de amentais: apenas não se encontram, no momento de testar, em seu perfeito juízo, em virtude de alguma causa transitória. Pessoas que se encontram nessa situação, passaram a ser considerados relativamente incapazes, no inciso III ("aqueles que, por causa transitória ou permanente, *não puderem exprimir sua vontade*") do art. 4º do Código Civil, pelo mencionado "Estatuto da Pessoa com Deficiência". Se tiver ocorrido interdição, haverá presunção *juris et de jure* da ausência do pleno discernimento. É possível, no entanto, pronunciar-se a nulidade do testamento nesse caso, mesmo antes da decretação judicial de sua interdição, desde que provada a falta do pleno discernimento, uma vez que é esta, e não a sentença de interdição, que determina a incapacidade de testar. A diferença é que, se o ato foi praticado após a sentença de interdição, será nulo de pleno direito; se, porém, foi praticado antes, a decretação da nulidade dependerá da produção de prova inequívoca da insanidade (Carlos Roberto Gonçalves, *Direito Civil Brasileiro*, v. I, p. 90).

A capacidade deve ser aferida no momento em que o testamento é redigido. Segundo dispõe o art. 1.861 do Código Civil, "a incapacidade superveniente do testador não invalida o testamento, nem o testamento do incapaz se valida com a superveniência da capacidade". Se, no ato de testar, o testador tinha pleno discernimento, o testamento será válido mesmo que ele venha a perder, posteriormente, a lucidez, assim como nulo será o testamento elaborado por quem, no ato, encontrava-se completamente embriagado, ainda que no dia seguinte estivesse curado da embriaguez.

Quadro sinótico – Do testamento em geral

1. Conceito	A sucessão testamentária decorre de expressa manifestação de última vontade, em testamento ou codicilo. O testamento constitui ato de última vonta-

1. Conceito	de, pelo qual o autor da herança dispõe de seus bens para depois da morte e faz outras disposições (CC, arts. 1.857 e 1.858).
2. Características	**a)** é ato personalíssimo, privativo do autor da herança; **b)** constitui negócio jurídico unilateral. É proibido o testamento conjuntivo, seja simultâneo, seja recíproco ou correspectivo (CC, art. 1.863); **c)** é ato solene; **d)** é ato gratuito; **e)** é ato essencialmente revogável (art. 1.969); **f)** é também ato *causa mortis:* produz efeitos somente após a morte do testador.
3. Capacidade para testar	– A capacidade testamentária ativa constitui a regra. O art. 1.860 do CC declara que só não podem testar os incapazes e os que, no ato de fazê-lo, não tiverem pleno discernimento. – Dentre os incapazes em geral, só os maiores de dezesseis anos, por exceção, podem testar (art. 1.860, parágrafo único), mesmo sem a assistência de seu representante legal. – São incapazes para fazer testamento: os menores de 16 anos, os que não estiverem em seu perfeito juízo (CC, art. 1.860) e os surdos-mudos que não tiverem desenvolvimento mental completo (art. 4º, III). – A incapacidade superveniente do testador não invalida o testamento, nem o testamento do incapaz se valida com a superveniência da capacidade (art. 1.861).

Capítulo III

DAS FORMAS ORDINÁRIAS DE TESTAMENTO

27 INTRODUÇÃO

O direito pátrio admite três formas de testamentos ordinários (público, cerrado e particular) e também três de testamentos especiais (marítimo, aeronáutico e militar), nos arts. 1.862 e 1.886. Caracterizam-se pela exigência do cumprimento de várias formalidades, destinadas a dar seriedade e maior segurança à manifestação de última vontade. O casamento e o testamento são considerados os dois atos mais solenes do nosso direito. O legislador não deixou ao alvedrio do testador a escolha da maneira de manifestar a sua intenção. Estabeleceu previamente as formas válidas, devendo a pessoa que desejar testar escolher um dos tipos por ele criados, sem poder inventar um novo, mediante a combinação dos existentes. O Código Civil proíbe expressamente o testamento conjuntivo (v. n. 26, "b", *retro*), bem como qualquer outra forma de testamento (arts. 1.863 e 1.887). O nuncupativo comum (de viva voz) não foi contemplado. Aparece somente como uma das espécies de testamento militar (art. 1.896). Um escrito particular, pelo qual o declarante dispõe de seus bens para depois de sua morte, sem observância das formalidades e tipos legais, não vale como testamento, podendo, em alguns casos, ser aproveitado como codicilo, salvo a hipótese excepcional prevista no art. 1.879.

28 DO TESTAMENTO PÚBLICO

É o escrito pelo tabelião, em seu livro de notas, de acordo com as declarações do testador, em presença de duas testemunhas (o Código de 1916 exigia cinco), podendo este servir-se de minuta, notas ou apontamentos (art. 1.864, I e II). Essas formalidades tornam-no mais seguro do que as outras espécies de testamento, malgrado apresente o inconveniente de permitir a qualquer pessoa o conhecimento de seu teor. Não só o tabelião, mas também o seu substituto legal (oficial-maior ou escrevente autorizado) podem lavrar testamento público.

A vontade do testador deve ser externada ao oficial público sob a forma de declaração, admitindo-se a entrega de minuta previamente elaborada (seguida da declaração verbal de que contém a sua última vontade) ou de consulta a anotações. O testamento público pode ser escrito manualmente ou mecanicamente, na língua nacional (como devem ser redigidos todos os atos públicos e para que as declarações sejam entendidas pelo testador e pelas testemunhas), bem como ser feito pela inserção da declaração de vontade em partes impressas de livro de notas, desde que rubricadas todas as páginas pelo testador, se mais de uma (CC, art. 1.864, parágrafo único). Como este dispositivo exige que o testamento seja escrito de acordo com as declarações do testador, que deve ouvir a sua leitura em voz alta, feita ao final pelo tabelião, conclui-se que o surdo-mudo não pode testar por esta forma ordinária, ainda que saiba ler e escrever. Reforça essa convicção o fato de o art. 1.873 declarar expressamente que o surdo-mudo pode fazer testamento cerrado.

A exigência de cinco testemunhas, feita no Código de 1916, constituía uma reminiscência da antiga divisão do povo romano em cinco classes, representando cada testemunha uma delas. O novo diploma procurou simplificar a elaboração dos testamentos, com redução do número de testemunhas, para duas na forma pública e cerrada e três na forma particular. Tal número não pode ser reduzido. Pode, no entanto, ser aumentado, especialmente na hipótese do art. 1.865 do Código Civil, quando o testador não souber ou não puder assinar e, em vez de solicitar que uma das testemunhas instrumentárias assine a seu rogo, como determina o referido dispositivo legal, faz o pedido a outrem. A presença e a participação de uma terceira pessoa no ato trazem até mais segurança à lavratura.

Lavrado o instrumento, deve ser lido em voz alta pelo tabelião ao testador e às duas testemunhas, a um só tempo; ou pelo testador, se o quiser, na presença destas e daquele (CC, art. 1.864, II). A leitura em voz alta é exigida (deve sê-lo também de forma inteligível) para que possam os presentes verificar a correspondência entre a vontade do testador e o texto escrito. O indivíduo inteiramente surdo, sabendo ler, lerá o seu testamento, e, se não o souber, designará quem o leia em seu lugar, presentes as testemunhas (art. 1.866). Estando em ordem, o instrumento deve ser assinado pelo testador, pelas testemunhas e pelo tabelião (art. 1.864, III).

Ao cego só se permite o testamento público, que lhe será lido, em alta voz, duas vezes, uma pelo tabelião ou por seu substituto legal, e a outra por uma das testemunhas, designada pelo testador, para resguardar a fidelidade da lavratura; fazendo-se de tudo circunstanciada menção no testamento (CC, art. 1.867). O analfabeto também só pode testar na forma pública, pois não lhe é permitido fazer testamento cerrado (art. 1.872) ou particular (art. 1.876, § 1º). Aberta a sucessão, "qualquer interessado, exibindo-lhe o traslado ou certidão, poderá requerer ao juiz que ordene o seu cumprimento" (CPC, art. 736).

Em síntese, só não podem testar publicamente os mudos e os surdos-mudos, por não poderem fazer declarações ao tabelião de viva voz (CC, art. 1.864, I). Podem fazê-lo: os surdos (que não sejam mudos), os alfabetizados em geral, os analfabetos (art. 1.865) e os cegos (art. 1.867).

A propósito, enfatizou o Superior Tribunal de Justiça: "O testamento é um ato solene que deve ser submetido a numerosas formalidades; caso contrário, pode ser anulado. Entretanto, todas as etapas formais não podem ser consideradas de modo exacerbado, pois a exigência delas deve levar em conta a preservação de dois valores principais: assegurar a vontade do testador e proteger o direito dos herdeiros do testador, sobretudo dos seus filhos. (...) O vício formal somente deve ser motivo de invalidação do ato quando comprometedor da sua essência, que é a livre manifestação da vontade do testador, sob pena de se prestigiar a literalidade em detrimento da outorga legal à disponibilização patrimonial pelo seu titular" (REsp 600.746-PR, 4ª T., rel. Min. Aldir Passarinho Júnior, *DJE*, 15-6-2010).

29 DO TESTAMENTO CERRADO

É também chamado de secreto ou místico, porque só o testador conhece o seu teor. Essa a vantagem que apresenta. É escrito pelo próprio testador, ou por alguém a seu rogo, e só tem eficácia após o auto de aprovação lavrado por tabelião, na presença de duas testemunhas. A intervenção do tabelião objetiva dar-lhe caráter de autenticidade exterior. Apresenta o inconveniente de ser reputado revogado se apresentado em juízo com o lacre rompido, presumindo-se, até prova em contrário, ter sido aberto pelo próprio testador (CC, art. 1.972), além de poder desaparecer pela ação dolosa de algum herdeiro.

Os seus requisitos essenciais encontram-se no art. 1.864 do Código Civil e são, em síntese: **a)** cédula testamentária; **b)** ato de entrega; **c)** auto de aprovação; **d)** cerramento.

A cédula testamentária deve ser escrita e assinada pelo próprio testador, ou por alguém a seu rogo (desde que não seja o herdeiro ou o legatário, seu cônjuge ou companheiro, ou os seus ascendentes e irmãos, não legitimados, por força do art. 1.801, I, do CC). O próprio tabelião pode escrever o testamento, a rogo do testador, quando este não souber, ou não o puder fazer pessoalmente, não ficando, por esse motivo, impedido de, posteriormente, lavrar o auto de aprovação (art. 1.870). Se, além de não saber escrever, o testador também não souber ler, não poderá fazer testamento cerrado, pois não terá meios de certificar-se, pela leitura, que o terceiro que o redigiu a seu rogo seguiu-lhe fielmente as instruções (art. 1.872). O analfabeto só pode testar publicamente, o mesmo acontecendo com o cego. O surdo-mudo que souber escrever poderá fazer testamento cerrado, contanto que o escreva todo, o assine de sua mão e que, ao entregá-lo ao oficial público, ante as duas testemunhas, escreva, na face externa do papel ou do envoltório, que aquele é o seu testamento, cuja aprovação lhe pede (art. 1.873). A cédula testamentária pode ser escrita manualmente ou mecanicamente (datilografada), desde que seu subscritor, neste caso, numere e autentique, com a sua assinatura, todas as páginas (art. 1.868, parágrafo único), em língua nacional ou estrangeira (art. 1.871), se o testador expressar-se melhor na língua pátria (mesmo porque nem o tabelião nem as testemunhas precisam conhecer o seu conteúdo).

Em seguida, deve ser feita a entrega ao tabelião pelo próprio testador (não se admitindo a utilização de portador), na presença de duas testemunhas, com a afirmação de que se trata de seu ato de última vontade e quer que seja aprovado. Estas participam apenas da apresentação e não precisam conhecer o seu teor.

Na sequência, na presença das testemunhas, o tabelião lavrará o auto de aprovação (na verdade, mera autenticação), após a última palavra. Se não houver espaço na última folha escrita, colocará o seu sinal público e declarará, colando outra folha, a razão de seu procedimento. Todos (tabelião, testador e testemunhas) assinarão, em seguida, o instrumento.

A última fase é a do cerramento, em que, segundo a tradição, o tabelião, estando a cédula dobrada, costura-a com cinco pontos de retrós e lança pingos de lacre sobre cada um.

Depois de aprovado e cerrado, será o testamento entregue ao testador, e o tabelião lançará, em seu livro, nota do lugar, dia, mês e ano em que foi aprovado e entregue (CC, art. 1.874). Falecido o testador, o testamento será apresentado ao juiz, que o abrirá e o fará registrar, ordenando seja cumprido, se não achar vício externo que o torne eivado de nulidade ou suspeito de falsidade (art. 1.875). Essa decisão equivale ao reconhecimento de que foram observadas as formalidades extrínsecas em sua elaboração. Em seguida, entregar-se-á cópia autêntica ao testamenteiro, para juntada ao processo de inventário.

Em resumo, não podem fazer testamento cerrado os analfabetos, incluídos os surdos-mudos (CC, art. 1.872), bem como os cegos (art. 1.867).

30 DO TESTAMENTO PARTICULAR

O que caracteriza este tipo de testamento, também chamado de hológrafo (de *holos*, palavra grega que significa inteiro, e *graphein*, escrever), é o fato de ser inteiramente escrito (autografia) e assinado pelo testador, lido perante três testemunhas e por elas também assinado (CC, art. 1.876, §§ 1º e 2º). É a forma menos segura de testar, porque depende de confirmação, em juízo, pelas testemunhas (que poderão faltar), após a abertura da sucessão. Os tribunais, numa primeira fase, interpretavam literalmente o art. 1.645 do Código Civil de 1916, exigindo que fosse escrito de próprio punho pelo testador, sem admitir exceção a essa regra (*RT*, 447:213). Posteriormente, a jurisprudência mostrou-se vacilante, tendo algumas decisões, inclusive do Supremo Tribunal Federal, admitido testamento particular datilografado, desde que pelo próprio testador (*RTJ*, 69:559 e 92:1234). O novo Código Civil admite, expressamente, que seja "escrito de próprio punho ou mediante processo mecânico" (art. 1.876, *caput*). Neste caso, "não pode conter rasuras ou espaços em branco, devendo ser assinado pelo testador, depois de o ter lido na presença de pelo menos três testemunhas, que o subscreverão" (§ 2º).

Antes mesmo do atual diploma, o Superior Tribunal de Justiça já havia afastado a interpretação literal da lei, reconhecendo a validade de testamento escrito não pelo próprio testador, mas sob seu ditado, na presença das testemunhas, que confirmaram o fato em juízo, assim como que o texto lhes foi lido, não havendo dúvida de que subscrito pelo autor das declarações (STJ, *RSTJ*, 60:242). O Código de 2002 foi além, contemplando, no art. 1.879, significativa inovação: "Em circunstâncias excepcionais declaradas na cédula, o testamento particular de próprio punho e assinado pelo testador, sem testemunhas, poderá ser confirmado, a critério do juiz". Tal dispositivo introduz em nosso direito a possibilidade excepcional de se admitir como testamento válido um simples escrito particular pelo qual o declarante dispõe de seus bens para depois de sua morte, sem observância das formalidades e tipos legais.

O testamento particular pode ser escrito em língua estrangeira, contanto que as testemunhas a compreendam (art. 1.880). Mesmo não havendo menção à data no art. 1.876, a sua indicação constitui elemento comum a todos os testamentos e serve para esclarecer se o testador era capaz no momento em que o redigiu.

O testamento particular é franqueado aos que podem ler e escrever, não se admitindo a assinatura a rogo. Não podem dele utilizar-se o cego, o analfabeto e os eventualmente incapacitados de escrever. Morto o testador, será publicado em juízo, com citação dos herdeiros legítimos (art. 1.877). As três testemunhas serão inquiridas em juízo, e, se pelo menos uma reconhecer a sua autenticidade, o juiz, a seu critério, o confirmará, se houver prova suficiente desta (CC, art. 1.878, parágrafo único). Se todas as testemunhas falecerem ou estiverem em local ignorado, ou não o confirmarem, o testamento particular não será cumprido.

Capítulo IV

DOS CODICILOS

Codicilo é ato de última vontade, destinado porém a disposições de pequeno valor. Não se exigem maiores formalidades para sua validade. Basta que o instrumento particular seja inteiramente escrito pelo testador (forma hológrafa) e por ele datado e assinado (art. 1.881). A jurisprudência tem admitido codicilos datilografados, que devem, porém, ser datados e assinados pelo *de cujus*. Não se exige a assinatura de testemunhas. Pode assumir a forma de ato autônomo, tenha ou não o autor da herança deixado testamento, ou complementar deste (art. 1.882).

Pode ser utilizado pelo autor da herança para várias finalidades, como: **a)** fazer disposições sobre o seu enterro; **b)** deixar esmolas de pouca monta; **c)** legar móveis, roupas ou joias, de pouco valor, de seu uso pessoal (art. 1.881); **d)** nomear e substituir testamenteiros (art. 1.883); **e)** reabilitar o indigno (art. 1.818); **f)** destinar verbas para o sufrágio de sua alma (art. 1.998); **g)** reconhecer filho havido fora do matrimônio, uma vez que o art. 1.609, II, do Código Civil permite tal ato por "escrito particular", sem maiores formalidades. Não é meio idôneo para instituir herdeiro ou efetuar deserdações.

Só valem, portanto, liberalidades que tenham por objeto bens e valores de pouca monta. Como a lei não estabelece um critério para a aferição do pequeno valor, deve este ser considerado em relação ao montante do patrimônio deixado, segundo o prudente arbítrio do juiz. Em muitos casos tem-se admitido a liberalidade que não ultrapasse 10% do valor do acervo hereditário. Não se deve, entretanto, adotar tal critério como inflexível, sendo melhor apreciar-se caso por caso.

Revoga-se o codicilo por outro codicilo (expressamente) ou pela elaboração de testamento posterior, de qualquer natureza, sem confirmá-lo, ou modificá-lo (tacitamente). A falta de qualquer referência ao codicilo, no testamento posterior, importa revogação tácita daquele (CC, art. 1.884). Testamento revoga codicilo, mas a recíproca não é verdadeira. Se o codicilo estiver fechado, abrir-se-á do mesmo modo que o testamento cerrado (art. 1.885). Não se tem admitido que o juiz reduza as deixas codiciliares, por analogia com o disposto no art. 1.967 do Código Civil. Assim, não valerão se não forem de pequeno valor. Anulado um testamento, não poderá valer como codicilo, ainda que haja cláusula nesse sentido (cláusula codicilar).

Capítulo V

DOS TESTAMENTOS ESPECIAIS

31 DO TESTAMENTO MARÍTIMO E DO TESTAMENTO AERONÁUTICO

O testamento marítimo, o aeronáutico e o militar constituem formas especiais de testamento, que podem ser utilizadas somente em situações emergenciais. Não se admitem outros testamentos especiais (CC, art. 1.887). O primeiro, estando o testador em viagem, a bordo de navio nacional, de guerra ou mercante, incluídos nesta expressão os de turismo e de transporte de pessoas (art. 1.888). Pode ser elaborado por passageiros e tripulantes, nas viagens em alto-mar e em viagem fluvial ou lacustre, especialmente em rios ou lagos de grande dimensão, diante do surgimento de algum risco de vida e da impossibilidade de desembarque em algum porto onde o disponente possa testar na forma ordinária.

Pode revestir forma assemelhada ao público ou ao cerrado (CC, art. 1.888). No primeiro caso, é lavrado pelo comandante, na presença de duas testemunhas, fazendo-se o seu registro no diário de bordo (parágrafo único). Se o testador não puder assinar, o comandante assim o declarará, assinando, neste caso, pelo testador, e, a seu rogo, uma das testemunhas instrumentárias (art. 1.865). No segundo (art. 1.868), o testamento pode ser feito pelo próprio testador, que o assinará, ou ser escrito por outrem, que o assinará com a declaração de que o subscreve a rogo daquele. Deve ser entregue ao comandante perante duas testemunhas capazes de entender a vontade do testador, declarando este tratar-se de seu testamento o escrito apresentado, cuja aprovação requer. O comandante certificará, abaixo do escrito, todo o ocorrido, datando e assinando com o testador e as testemunhas.

Não valerá o testamento marítimo, ainda que feito no curso de uma viagem, se, ao tempo em que se fez, o navio estava em porto onde o testador pudesse desembarcar e testar na forma ordinária (CC, art. 1.892).

O testamento aeronáutico, por guardar semelhança com o marítimo, foi disciplinado na mesma seção, estendendo-se-lhe a regulamentação deste, nos seguintes termos: "Quem estiver em viagem, a bordo de aeronave militar ou comercial, pode testar perante pessoa designada pelo comandante" (art. 1.889), observado o disposto no art. 1.888. Cada qual ficará sob a guarda do comandante, que o entregará às autoridades administrativas do primeiro porto ou aeroporto nacional, contra recibo averbado no diário de bordo (art. 1.890).

As formas especiais estão sujeitas a prazo de eficácia. Dispõe, com efeito, o art. 1.891 do Código Civil que "caducará o testamento marítimo, ou aeronáutico, se o testador não morrer na viagem, nem nos noventa dias subsequentes ao seu desembarque em terra, onde possa fazer, na forma ordinária, outro testamento". Neste caso, poderá ser aproveitado somente na parte em que, eventualmente, tenha reconhecido um filho.

32 DO TESTAMENTO MILITAR

É o elaborado por militar e outras pessoas a serviço das Forças Armadas em campanha, como médicos, enfermeiros, engenheiros, capelães, telegrafistas etc., que estejam participando de operações de guerra, dentro ou fora do País. Pode revestir três formas: a assemelhada ao testamento público (CC, art. 1.893), a correspondente ao testamento cerrado (art. 1.894) e a nuncupativa (art. 1.896).

No primeiro caso, o comandante atuará como tabelião, estando o testador em serviço na tropa, ou o oficial de saúde, ou o diretor do hospital em que estiver recolhido, sob tratamento. Será lavrado na presença de duas testemunhas e assinado por elas e pelo testador, ou por três, se o testador não puder, ou não souber assinar, caso em que assinará por ele uma delas. Se o testador for oficial mais graduado, o testamento será escrito por aquele que o substituir (CC, art. 1.893, § 3º).

Na forma semelhante ao testamento cerrado, o testador entregará a cédula ao auditor, ou ao oficial de patente que lhe faça as vezes neste mister, aberta ou cerrada, escrita de seu punho ou por alguém a seu rogo, na presença de duas testemunhas. O auditor, ou o oficial a quem o testamento se apresente, notará, em qualquer parte dele, lugar, dia, mês e ano em que lhe for apresentado, nota esta que será assinada por ele e pelas testemunhas (CC, art. 1.894, parágrafo único). Em seguida, o devolverá ao apresentante.

O testamento nuncupativo é o feito de viva voz perante duas testemunhas, por pessoas empenhadas em combate ou feridas. É uma exceção à regra de que o testamento é um ato solene e deve ser celebrado por escrito. É também uma forma bastante criticada, por possibilitar facilmente a deturpação da vontade do testador. Não terá efeito se este não morrer na guerra e convalescer do ferimento (CC, art. 1.896, parágrafo único).

Caducará o testamento militar desde que, depois dele, o testador esteja, noventa dias seguidos, em lugar onde possa testar na forma ordinária, salvo se esse testamento apresentar as solenidades prescritas no parágrafo único do artigo antecedente (CC, art. 1.895), isto é, caso tome a forma de testamento cerrado. A ressalva final constitui outra exceção, também criticada, à regra que estabelece a necessidade de o testamento especial ser renovado se o testador não morrer e convalescer do perigo.

33 DO TESTAMENTO VITAL

O denominado testamento vital ou biológico constitui uma declaração unilateral de vontade em que a pessoa manifesta o desejo de ser submetida a determinado tratamento, na hipótese de se encontrar doente, em estado incurável ou terminal, ou apenas declara que não deseja ser submetida a nenhum procedimento que evite a sua morte.

Enquanto capaz, a pessoa escolhe, por escrito, o tratamento médico que deseja receber ou manifesta o desejo de não se submeter a nenhum. Com esse documento, o paciente visa a influir sobre a conduta médica e limitar a atuação da família, caso a doença progrida e venha a se tornar impossibilitado de manifestar a sua vontade.

Não se trata, verdadeiramente, de um testamento ou ato *causa mortis*, uma vez que não se destina a produzir efeitos após a morte, mas sim antes desta, aos pacientes terminais. Por essa razão mostra-se mais adequada a expressão "Diretivas Antecipadas de Vontade", utilizada na Resolução n. 1.995/2001 do Conselho Federal de Medicina.

A referida declaração de vontade tem por fundamento jurídico o princípio constitucional da dignidade humana e o art. 15 do Código Civil, segundo o qual "ninguém pode ser constrangido a submeter-se, com risco de vida, a tratamento médico ou a intervenção cirúrgica". Não se pode obrigar uma pessoa a fazer tratamento contra a sua própria vontade.

Faz-se mister, todavia, para que se possa aceitar a validade de aludida declaração unilateral de vontade, distinguir e estabelecer os limites entre eutanásia e ortotanásia. A primeira, etimologicamente, significa "boa morte" e se dá por meio de utilização de técnicas que precipitam a ocorrência da morte e, por isso, constitui ato ilícito (CP, art. 122). A ortotanásia, que significa, etimologicamente, "morte correta", é procedimento destinado a evitar que o paciente padeça de um sofrimento físico e psicológico, mediante o não emprego de técnicas terapêuticas inúteis de prolongamento da vida.

A distinção entre as duas técnicas se torna, muitas vezes, difícil na prática, embora necessária, uma vez que o limite do testamento vital é a ortotanásia. Não se pode derivar para a eutanásia.

Aguarda-se, portanto, com ansiedade, que a prática seja disciplinada por lei, vez que vários projetos de lei em tramitação no Congresso Nacional tratam do assunto.

As mencionadas técnicas não se confundem com a *distanásia*, pela qual prolonga-se a vida do paciente, independentemente do conforto. Faz-se uso de aparelhos e fármacos que contribuam para a longevidade do paciente, sem levar em consideração se esse prolongamento está causando-lhe sofrimento ou não.

Na V Jornada de Direito Civil, realizada pelo Conselho da Justiça Federal, aprovou-se o Enunciado 528, do seguinte teor:

"É válida a declaração de vontade, expressa em documento autêntico, também chamado 'testamento vital', em que a pessoa estabelece disposições sobre o tipo de tratamento de saúde, ou não tratamento, que deseja no caso de se encontrar sem condições de manifestar a sua vontade".

O paciente que desiste da vida, preferindo morrer a se submeter à cirurgia, tem a sua autonomia da vontade reconhecida na mencionada Resolução n. 1.995/2012, do Conselho Federal de Medicina.

Confira-se o paralelo entre *distanásia*, *ortotanásia* e *eutanásia*, estabelecido por Carlos Eduardo Martins, em: *http://conjur.com.br*, de 18-9-2013. Na *primeira*, "prolonga-se a vida do paciente, independentemente do conforto. Faz-se uso de aparelhos e fármacos que contribuam para a longevidade do paciente, sem levar-se em consideração se este prolongamento está causando-lhe sofrimento ou não. Na *ortotanásia*, permite-se que a vida do paciente cesse naturalmente. Admitem-se cuidados paliativos, a fim de garantir ao paciente o maior conforto possível em seu tempo restante de vida. Não ocorre a ação de interromper a vida do paciente, mas sim a omissão em forçar sua manutenção. E a *eutanásia* é a prática de interromper, ativamente, a vida do paciente, geralmente em estado irreversível, a fim de cessar seu sofrimento".

O entendimento é que não se justifica prolongar um sofrimento desnecessário em detrimento da qualidade de vida do ser humano. Esse pensamento levou a Primeira Câmara Cível do Tribunal de Justiça do Rio Grande do Sul a confirmar decisão que garantiu a um idoso o direito de não se submeter à amputação do pé esquerdo, que viria a salvar sua vida. Assim, como o juízo de origem, o colegiado entendeu que o Estado não pode proceder contra a vontade do paciente, mesmo com o propósito de salvar sua vida (Ap. 70.054.988.266, rel. Des. Irineu Mariani, j. 20-11-2013).

Quadro sinótico – Formas de testamento

1. Formas admitidas	Testamentos ordinários	público cerrado particular
	Testamentos especiais	marítimo aeronáutico militar
2. Testamento público	Conceito	É o escrito pelo tabelião em seu livro de notas, de acordo com as declarações do testador, em presença de duas testemunhas, podendo este servir-se de minuta, notas ou apontamentos (CC, art. 1.864, I e II). É a forma mais segura de testar.
	Requisitos	**a)** deve ser escrito, manualmente ou mecanicamente, na língua nacional, podendo ser inserto em partes impressas de livro de notas (CC, art. 1.864, parágrafo único);

2. Testamento público	Requisitos	b) deve ser lido em voz alta pelo tabelião ao testador e às duas testemunhas, a um só tempo; ou pelo testador, se o quiser, na presença destas e daquele (art. 1.864, II); c) se o testador não souber, ou não puder assinar, o tabelião assim o declarará, assinando, nesse caso, pelo testador, e a seu rogo, uma das testemunhas instrumentárias (art. 1.865); d) o indivíduo inteiramente surdo, sabendo ler, lerá o seu testamento, e, se não souber, designará quem o faça em seu lugar, presentes as testemunhas (art. 1.866); e) ao cego só se permite o testamento público, que lhe será lido, em alta voz, duas vezes, uma pelo tabelião e outra por uma das testemunhas, designadas pelo testador (art. 1.867).
	Legitimação ativa	Só não podem testar publicamente os mudos e os surdos-mudos, por não poderem fazer declarações ao tabelião de viva voz (CC, art. 1.864, I). Podem fazê-lo: os surdos (que não sejam mudos), os alfabetizados em geral, os analfabetos (art. 1.865) e os cegos (art. 1.867).
3. Testamento cerrado	Conceito	Também chamado de secreto ou místico, porque só o testador conhece o seu teor, é escrito por este, ou por alguém a seu rogo, e só tem eficácia após o auto de aprovação lavrado por tabelião, na presença de duas testemunhas (CC, art. 1.868).
	Requisitos	a) cédula testamentária; b) ato de entrega; c) auto de aprovação; d) cerramento.
	Pessoas não legitimadas	Não podem fazer testamento cerrado os analfabetos, incluídos os surdos-mudos (CC, art. 1.872), bem como os cegos (art. 1.867).
4. Testamento particular	– Também chamado de hológrafo, é inteiramente escrito e assinado pelo testador, lido perante três testemunhas e por elas também assinado (CC, art. 1.876, §§ 1º e 2º). É a forma menos segura de testar, porque depende de confirmação, em juízo, pelas testemunhas. – Pode ser escrito em língua estrangeira, contanto que as testemunhas a compreendam (art. 1.880). – Mesmo não havendo menção à data no art. 1.876, a sua indicação constitui elemento comum a todos os testamentos e serve para esclarecer se o testador era capaz no momento em que o redigiu.	

<table>
<tr><td>4. Testamento particular</td><td colspan="2">– É franqueado aos que podem ler e escrever, não se admitindo assinatura a rogo.
– Não podem dele utilizar-se o cego, o analfabeto e os eventualmente incapacitados de escrever.
– Basta que uma testemunha confirme, em juízo, a sua autenticidade, havendo prova suficiente desta. Se todas falecerem ou estiverem em local ignorado, ou não o confirmarem, o testamento particular não será cumprido.</td></tr>
<tr><td rowspan="5">5. Codicilo</td><td>Conceito</td><td>Codicilo é ato de última vontade, destinado porém a disposições de pequeno valor.</td></tr>
<tr><td>Formalidades</td><td>Não se exigem maiores formalidades para sua validade. Basta que o instrumento particular seja inteiramente escrito pelo testador e por ele datado e assinado (CC, art. 1.881). Têm sido admitidos codicilos datilografados, que devem, porém, ser datados e assinados pelo de cujus. Não se exige a assinatura de testemunhas. Pode assumir a forma de ato autônomo ou complementar do testamento (art. 1.882).</td></tr>
<tr><td>Finalidades</td><td>a) para o autor da herança fazer disposições sobre o seu enterro;
b) deixar esmolas de pouca monta;
c) legar móveis, roupas ou joias, de pouco valor, de seu uso pessoal (CC, art. 1.881);
d) nomear e substituir testamenteiros (art. 1.883);
e) reabilitar o indigno (art. 1.818);
f) destinar verbas para o sufrágio de sua alma (art. 1.998);
g) reconhecer filho havido fora do matrimônio, uma vez que o art. 1.609, II, do CC permite tal ato por "escrito particular".</td></tr>
<tr><td>Objeto</td><td>Só valem liberalidades que tenham por objeto bens e valores de pouca monta. A aferição do pequeno valor é feita com base no montante do patrimônio deixado.</td></tr>
<tr><td>Revogação</td><td>Revoga-se o codicilo por outro codicilo (expressamente) ou pela elaboração de testamento posterior, sem confirmá-lo, ou modificá-lo (tacitamente). A falta de qualquer referência ao codicilo, no testamento posterior, importa revogação tácita daquele (CC, art. 1.884). Testamento revoga codicilo, mas a recíproca não é verdadeira.</td></tr>
</table>

6. Testamento marítimo	– Constitui forma especial de testamento. Pode ser elaborado por passageiros e tripulantes, estando o testador em viagem, a bordo de navio nacional, de guerra ou mercante (CC, art. 1.888), diante do surgimento de algum risco de vida. – Pode revestir forma assemelhada ao público ou ao cerrado (art. 1.888). – Não valerá se, ao tempo em que se fez, o navio estava em porto onde o testador pudesse desembarcar e testar na forma ordinária (art. 1.892).
7. Testamento aeronáutico	– O testamento aeronáutico, por guardar semelhança com o marítimo, foi disciplinado na mesma seção, estendendo-se-lhe a regulamentação deste. – Quem estiver em viagem, a bordo de aeronave militar ou comercial, pode testar perante pessoa designada pelo comandante (art. 1.889), observado o disposto no art. 1.888. – Caducará o testamento marítimo, ou aeronáutico, se o testador não morrer na viagem, nem nos noventa dias subsequentes ao seu desembarque em terra, onde possa fazer, na forma ordinária, outro testamento.
8. Testamento militar	– É o elaborado por militar e outras pessoas a serviço das Forças Armadas em campanha, como médicos, enfermeiros, engenheiros, capelães, telegrafistas etc., que estejam participando de operações de guerra, dentro ou fora do País. – Pode revestir três formas: a assemelhada ao testamento público (CC, art. 1.893), a correspondente ao testamento cerrado (art. 1.894) e a nuncupativa (art. 1.896). O testamento nuncupativo é o feito de viva voz perante duas testemunhas, por pessoas empenhadas em combate ou feridas. – Caducará o testamento militar desde que, depois dele, o testador esteja, noventa dias seguidos, em lugar onde possa testar na forma ordinária, salvo se esse testamento tomar a forma de testamento cerrado (art. 1.895).
9. Testamento vital	Constitui uma declaração unilateral de vontade, em que a pessoa manifesta o desejo de ser submetida a determinado tratamento, na hipótese de se encontrar doente, em estado incurável ou terminal, ou apenas declara que não deseja ser submetida a nenhum procedimento que evite a sua morte.

Capítulo VI

DAS DISPOSIÇÕES TESTAMENTÁRIAS EM GERAL

34 INTRODUÇÃO. DAS REGRAS INTERPRETATIVAS

O testamento, além da nomeação de herdeiro ou legatário, pode encerrar outras disposições. Após regulamentar as formalidades extrínsecas do testamento, o Código Civil trata de seu conteúdo, estabelecendo o que pode e o que não pode conter (regras permissivas e proibitivas) e como deve ser interpretada a vontade do testador (regras interpretativas). São anuláveis as disposições testamentárias inquinadas de erro, dolo ou coação, extinguindo-se em quatro anos (prazo decadencial) o direito de anular a liberalidade, contados de quando o interessado tiver conhecimento do vício (CC, art. 1.909 e parágrafo único).

Dentre as regras interpretativas, destaca-se a do art. 1.899: "Quando a cláusula testamentária for suscetível de interpretações diferentes, prevalecerá a que melhor assegure a observância da vontade do testador". Trata-se de reiteração do princípio já constante do art. 112 do diploma civil, segundo o qual nas "declarações de vontade se atenderá mais à intenção nelas consubstanciada do que ao sentido literal da linguagem". Para melhor aferir a vontade do testador, torna-se necessário apreciar o conjunto das disposições testamentárias, e não determinada cláusula que, isoladamente, ofereça dúvida. A solução deve emergir diretamente do testamento, não podendo ser buscada fora dele, exceção feita aos casos de erro na designação do herdeiro ou legatário, bem como da coisa legada, como o permite o art. 1.903. Portanto, só se admite a utilização de prova externa para a elucidação de contradição ou obscuridade sobre o herdeiro, o legatário ou a coisa legada.

As outras regras interpretativas são de fácil entendimento e até dispensáveis. O art. 1.902 procura suprir a omissão do testador na indicação precisa dos beneficiários, dispondo que a disposição geral em favor dos pobres ou de entidades particulares de caridade entender-se-á relativa aos do lugar do seu domicílio. O art. 1.904 dispensa qualquer explicação. Dispõe que se "o testamento nomear dois ou mais herdeiros, sem discriminar a parte de cada um, partilhar-se-á por igual, entre todos, a porção disponível do testador". Pelo art. 1.905, se o testador nomear certos herdeiros individualmente (José, João, p. ex.) e outros coletivamente (os filhos de Antonio), "a herança será dividida em tantas quotas quantos forem os indivíduos e os grupos designados". No caso, a herança será dividida em três partes: José e João, indicados individualmente, receberão uma cota cada um, enquanto a de Antonio será dividida entre todos os seus filhos.

Se forem determinadas as cotas de cada herdeiro, e não absorverem toda a herança, o remanescente pertencerá aos herdeiros legítimos, segundo a ordem da sucessão hereditária (CC, art. 1.906). Ocorrerá, neste caso, a coexistência da sucessão testamentária com a legítima. Se forem determinados os quinhões de uns e não os de outros herdeiros, distribuir-se-á por igual a estes últimos o que restar, depois de completas as porções hereditárias dos primeiros (art. 1.907). Dispondo o testador que não caiba ao herdeiro instituído certo e determinado objeto, dentre os da herança, tocará ele aos herdeiros legítimos (art. 1.908).

A última regra interpretativa prescreve: "A ineficácia de uma disposição testamentária importa a das outras que, sem aquela, não teriam sido determinadas pelo testador" (CC, art. 1.910).

35 DAS REGRAS PROIBITIVAS

O art. 1.898 do Código Civil impede a nomeação de herdeiro a termo, isto é, com a "designação do tempo em que deva começar ou cessar" o seu direito, salvo nas disposições fideicomissárias, considerando-se não escrita a fixação da data ou termo. O herdeiro, neste caso, não terá de aguardar o momento estabelecido pelo testador. Valerá a deixa, e o herdeiro será havido como sucessor logo que se abrir a sucessão. Como o artigo somente se refere a herdeiro, tem-se admitido a nomeação a termo de legatário, sendo a assertiva reforçada pelo art. 1.924. Malgrado a proibição de se nomear herdeiro a prazo, o

Código admite as nomeações condicionais, no art. 1.897, o que muitos consideram ilógico.

O art. 1.900 do diploma civil estabelece várias proibições. Considera nula, em primeiro lugar (inciso I), a disposição que "institua herdeiro ou legatário sob a condição captatória de que este disponha, também por testamento, em benefício do testador, ou de terceiro". Não admite o nosso ordenamento nenhuma espécie de pacto sucessório. A captação da vontade, que vicia o ato, é a que representa um induzimento, mediante nomeação e favorecimento de outrem, como herdeiro, para que este também inclua o captador, ou terceiro, em suas disposições testamentárias, como beneficiário. Não vale, assim, a cláusula pela qual o testador institui fulano herdeiro se ele, em seu testamento, igualmente nomeá-lo seu sucessor. Tal cláusula restringe a liberdade de testar, que deve ser ampla, e constitui modalidade especial de dolo nas disposições testamentárias.

É nula também a cláusula que se refira a "pessoa incerta, cuja identidade não se possa averiguar" (CC, art. 1.900, II). Sem a identificação do beneficiário, não há como cumprir a vontade do testador, salvo se a pessoa for determinável, como na hipótese, por exemplo, de a deixa beneficiar o melhor aluno de determinada classe. Considera-se ainda viciada a cláusula que favoreça a pessoa incerta, cometendo a determinação de sua identidade a terceiro (inciso III), bem como a que deixe a arbítrio do herdeiro, ou de outrem, fixar o valor ao legado (inciso IV), pois tais atos são eminentemente personalíssimos. Todavia, o art. 1.901 prevê duas exceções: **a)** valerá a indicação do favorecido por terceiro, dentre duas ou mais pessoas mencionadas pelo testador; **b)** valerá, também, a determinação do valor do legado pelo herdeiro, ou por outrem, quando se tratar de legado remuneratório de serviços prestados ao testador, por ocasião da moléstia que o vitimou. É nula, por fim, a disposição que favoreça as pessoas a que se referem os arts. 1.801 e 1.802 (inciso V).

36 DAS REGRAS PERMISSIVAS

São duas: as dos arts. 1.897 e 1.911. Pela primeira, a nomeação de herdeiro, ou legatário, pode ser feita:

a) de forma pura e simples, quando o testador não impõe nenhuma condição, ônus ou qualquer limitação ao direito do beneficiário, e a estipulação produz seus efeitos logo que se abre a sucessão (CC, art. 1.897);

b) sob condição, quando sua eficácia fica subordinada a evento futuro e incerto. Se suspensiva, a aquisição do direito pelo herdeiro, ou legatário, dependerá de seu implemento. Enquanto pendente, a situação jurídica do herdeiro instituído será a de titular de direito eventual não deferido (CC, art. 130), legitimado a praticar atos destinados a conservá-lo, podendo pedir caução que lhe garanta a entrega da coisa. Verificada, produz efeito retro-operante (*ex tunc*), considerando-se existente o direito desde a abertura da sucessão; frustrada, não se dá a aquisição deste. Se o herdeiro, ou legatário, vier a falecer antes de sua verificação, ocorrerá a caducidade da disposição testamentária (art. 1.943). Se resolutiva, o herdeiro adquire o direito desde a abertura da sucessão, como se fora pura e simples. Porém, se o evento futuro e incerto acontecer, operar-se-á sua perda, extinguindo-se a eficácia do negócio jurídico sem efeito retro-operante. A liberalidade fica sem efeito a partir do implemento da condição (*ex nunc*). Assim, os frutos e rendimentos pertencerão ao herdeiro condicional, que não terá de restituí-los, salvo disposição expressa do testamento. Podem as pessoas beneficiadas com a sua verificação (herdeiros legítimos) exigir que aquele preste caução (denominada caução muciana, em homenagem a Mucio Scevola, seu autor) que assegure a restituição da coisa, salvo se o testador o dispensou. Nem todas as condições, porém, são válidas, como se pode verificar pelos arts. 122 e s. do Código Civil. Hão de ser lícitas e possíveis. Dentre as ilícitas, encontram-se as puramente potestativas, as contraditórias ou perplexas e as impossíveis. Em razão do propósito de aproveitar ao máximo as disposições testamentárias, "têm-se por inexistentes as condições impossíveis, quando resolutivas, e as de não fazer coisa impossível" (art. 124), que não contaminam a deixa. Preceitua, contudo, o art. 123 do estatuto civil que as condições física ou juridicamente impossíveis invalidam os negócios jurídicos que lhes são subordinados, quando suspensivas (inciso I). Assim, tanto o contrato como o testamento são nulos. Dispõe ainda o aludido dispositivo que também os contaminam "as condições ilícitas, ou de fazer coisa ilícita" (inciso II), e "as condições incompreensíveis ou contraditórias" (inciso III). Não vale, por exemplo, a condição de o beneficiário mudar de religião, contrariando a liberdade de credo garantida na Constituição Federal, e a de não casar, imposta de forma absoluta, malgrado seja admitida a de não casar apenas com determinada pessoa;

c) mediante encargo (para certo fim ou modo), quando o testador impõe um ônus ou obrigação ao beneficiário, como a de cuidar de certa pessoa ou animal ou a de assumir o pagamento dos estudos de alguém. É comum nas liberalidades (doações e testamentos). Difere da condição suspensiva porque não suspende a aquisição nem o exercício do direito (CC, art. 136). Adquire o herdeiro, ou legatário, desde a abertura da sucessão, os bens que lhe foram deixados. É coercitivo, pois o seu cumprimento pode ser exigido, enquanto ninguém pode ser forçado a cumprir uma condição. Esta caracteriza-se pela utilização da partícula se, enquanto o encargo é identificado pelas locuções com a obrigação de, para que, com o encargo de etc. Se o herdeiro falecer antes de cumpri-lo, a deixa prevalece, ao contrário do que sucederia se se tratasse de condição. Embora se assemelhe à condição resolutiva, que igualmente não suspende a aquisição do direito, dela difere pelo fato de o seu descumprimento não autorizar a revogação da gratificação (e, nas doações, ser necessária a propositura de ação revocatória pelo doador), enquanto aquela opera por sua própria força, acarretando automaticamente a perda do benefício. Embora alguns sustentem a possibilidade de qualquer interessado promover a declaração de ineficácia da deixa testamentária, em razão do descumprimento do encargo, predomina o entendimento de que isso não é possível, salvo se no testamento esta sanção tiver sido expressamente consignada. É que não há dispositivo específico para o caso de descumprimento de encargo imposto em testamento, como existe nas doações (art. 555). Nestas, o descumprimento somente pode acarretar a sua revogabilidade se pleiteada pelo doador, não tendo os demais interessados legitimidade para tanto. Como as disposições testamentárias, inclusive as modais, só produzem efeitos após a morte do testador, a revogação não pode ser decretada a pedido de nenhum interessado, salvo, como já dito, se esta sanção estiver prevista no testamento. O beneficiário só poderá exigir perdas e danos. A exigibilidade do encargo, em ação judicial, segue a disciplina estabelecida para as doações onerosas (art. 553). Quando o ônus beneficia determinada pessoa, pode esta exigir o seu cumprimento. Se imposto no interesse geral, legitimado estará o Ministério Público para exigir sua execução. Também estão legitimados o testamenteiro e toda pessoa que tenha legítimo interesse, econômico ou moral, em que se respeite a vontade do testador;

d) por certo motivo (disposição motivada), na hipótese de o testador declarar a razão que o levou a fazer a liberalidade. Malgrado não estejam obrigados a isso, muitos preferem consignar a causa pela qual gratificam determinada pessoa. Trata-se de cláusula ou disposição motivada, que não se confunde com a modal ou onerosa, pois refere-se a fatos passados, enquanto esta diz respeito a um encargo futuro. Se a causa for mencionada expressamente como razão determinante do ato e não corresponder à realidade, prejudicada estará a disposição. O falso motivo é tipificado no art. 140 do Código Civil como erro. Não prevalece, por exemplo, a nomeação de herdeiro testamentário não pertencente à família do testador, com expressa declaração deste de que assim procede porque teve notícias da morte de seu único filho, não tendo outros descendentes nem ascendentes. Apurado que o filho está vivo, caracteriza-se o falso motivo. Não viciará, entretanto, o ato a declaração da causa meramente impulsiva, assim considerada a não expressa como razão determinante do ato;

e) a termo, quando a eficácia da deixa testamentária fica subordinada a um evento futuro e certo, que em geral é uma determinada data. Só vale a designação do tempo em que deva começar ou cessar o direito do herdeiro nas disposições fideicomissárias. Não se tratando de fideicomisso, a referida designação será tida por não escrita, e a disposição cumprida como se fora pura e simples. Como o art. 1.898 do Código Civil, que proíbe a nomeação a termo, só se refere à instituição de herdeiro, nada impede a fixação do termo inicial ou final para a aquisição ou perda do direito pelo legatário, como se pode verificar pela leitura do art. 1.924. Quando o termo imposto equivale a uma condição, isto é, quando incerto, mas determinado para certa época em que poderá realizar-se, será válido (como, p. ex., a data do casamento de determinada pessoa, que poderá não ocorrer).

O art. 1.911 do Código Civil permite a imposição, pelos testadores, de ônus ou gravame sobre os bens que integram a herança e compõem a metade disponível. O mais comum é o decorrente da cláusula de inalienabilidade, vitalícia ou temporária, que inclui automaticamente a impenhorabilidade e a incomunicabilidade dos bens. A referida cláusula só pode ser incluída nas liberalidades, ou seja, nas doações e nos testamentos, porque ninguém, exceto na hipótese do bem de família, pode tornar inalienáveis e, em consequência, impenhoráveis, os seus próprios bens. Salvo se houver justa causa, declarada no testamento, não pode tal cláusula, nem as de impenhorabilidade e de incomunicabilidade, ser estabelecida sobre os bens da legítima (CC, art. 1.848).

O doador, enquanto estiver vivo, pode retirar os referidos ônus, se assim o desejar. Morto, a cláusula torna-se irretratável e não mais pode ser dispensada. Podem os bens gravados, contudo, ser desapropriados, e alienados por conveniência econômica do donatário ou do herdeiro, mediante autorização judicial, ou para fins de sub-rogação do vínculo (CC, arts. 1.848, § 2º, e 1.911, parágrafo único), convertendo-se o produto arrecadado em outros bens sobre os quais incidirão as restrições apostas aos primeiros.

Embora a hipótese não tenha sido expressamente mencionada no parágrafo único do citado art. 1.911, pode ocorrer, também, a alienação de bem clausulado em caso de extinção do condomínio (CC, art. 1.322). O produto da venda permanecerá em depósito judicial, até ser aplicado em outro bem, sobre o qual recairá o aludido ônus. Tem sido admitido também o cancelamento da cláusula de inalienabilidade imposta nas doações com reserva de usufruto, e nos testamentos com disposição de legado de usufruto, quando se verifica que a intenção do doador, ou testador, foi instituí-la para perdurar somente enquanto vivo o usufrutuário. Morto este, consolida-se o domínio do nu-proprietário e cancela-se a referida cláusula, interpretada, assim, como temporária.

Permite o estatuto processual de 2015, nos arts. 719 e s., a sub-rogação do vínculo da inalienabilidade, isto é, a transferência do gravame para outros bens livres, desde que se convença o juiz da sua necessidade e conveniência. Será realizada a avaliação de ambos os bens, do gravado e do que se sub-rogará no ônus. Se o segundo tiver valor igual ou superior ao primeiro, será deferida a sub-rogação, ficando este desonerado. A sub-rogação tem sido admitida, mesmo havendo expressa proibição no ato de última vontade, quando comprovadamente necessária ou vantajosa.

Aos poucos, o rigor na dispensa do vínculo da inalienabilidade foi sendo abrandado. O Tribunal de Justiça do Rio de Janeiro, por exemplo, atendeu à pretensão do beneficiário, contaminado pelo vírus da AIDS e em estágio avançado da doença, de liberar-se do gravame de inalienabilidade e impenhorabilidade vitalícia, alienando-se o bem e aplicando o numerário daí defluente ao tratamento de sua saúde (RT, 724:417).

O cancelamento da cláusula de inalienabilidade imposta pelo instituidor objetivando a proteção do patrimônio herdado, em regra, é vedado. Entretanto, se o gravame vem onerando aquele que, em tese, deveria ser protegido, é ilógica a sua manutenção.

Quadro sinótico – Disposições testamentárias em geral

1. Introdução	O testamento, além da nomeação de herdeiro ou legatário, pode encerrar outras disposições. Neste capítulo o CC trata do conteúdo do testamento, estabelecendo o que pode e o que não pode conter (regras permissivas e proibitivas) e como deve ser interpretada a vontade do testador (regras interpretativas).
2. Regras interpretativas	– Quando a cláusula testamentária for suscetível de interpretações diferentes, prevalecerá a que melhor assegure a observância da vontade do testador (CC, art. 1.899). – Só se admite a utilização de prova externa para a elucidação de contradição ou obscuridade sobre o herdeiro, o legatário ou a coisa legada (art. 1.903). – A disposição geral em favor dos pobres ou de entidades particulares de caridade entender-se-á relativa aos do lugar do domicílio do testador (art. 1.902). – Se o testamento nomear dois ou mais herdeiros, sem discriminar a parte de cada um, partilhar-se-á por igual, entre todos, a porção disponível do testador (art. 1.904). – Se o testador nomear certos herdeiros individualmente e outros coletivamente, a herança será dividida em tantas quotas quantos forem os indivíduos e os grupos designados (art. 1.905).

2. Regras interpretativas	– Se forem determinadas as quotas de cada herdeiro, e não absorverem toda a herança, o remanescente pertencerá aos herdeiros legítimos, segundo a ordem da sucessão hereditária (art. 1.906). – Se forem determinados os quinhões de uns e não os de outros herdeiros, distribuir-se-á por igual a estes últimos o que restar, depois de completas as porções hereditárias dos primeiros (art. 1.907). – Dispondo o herdeiro que não caiba ao herdeiro instituído certo e determinado objeto, dentre os da herança, tocará ele aos herdeiros legítimos (art. 1.908). – A ineficácia de uma disposição testamentária importa a das outras que, sem aquela, não teriam sido determinadas pelo testador (art. 1.910).	
3. Regras proibitivas	– O art. 1.898 do CC impede a nomeação de herdeiro a termo, salvo nas disposições fideicomissárias, considerando não escrita a fixação da data ou termo em que deva começar o direito do herdeiro. Não terá este de aguardar o momento estabelecido pelo testador. – É nula a disposição: **a)** que institua herdeiro ou legatário sob a condição captatória de que este disponha, também por testamento, em benefício do testador, ou de terceiro; **b)** que se refira a pessoa incerta, cuja identidade não se possa averiguar; **c)** que favoreça a pessoa incerta, cometendo a determinação de sua identidade a terceiro; **d)** que deixe a arbítrio do herdeiro, ou de outrem, a fixação do valor do legado; **e)** que favoreça as pessoas a que se referem os arts. 1.801 e 1.802 (CC, art. 1.900, I a V).	
4. Regras permissivas	As do art. 1.897 do CC	**a)** nomeação de herdeiro, ou legatário, de forma pura e simples: quando o testador não impõe nenhuma condição, ônus ou qualquer limitação ao direito do beneficiário; **b)** nomeação sob condição: quando sua eficácia fica subordinada a evento futuro e incerto. A condição pode ser suspensiva e resolutiva (CC, arts. 126 e 127); **c)** nomeação com encargo (para certo fim ou modo): quando o testador impõe um ônus ou obrigação ao beneficiário, como a de cuidar de certa pessoa, p. ex.; **d)** por certo motivo, na hipótese de o testador declarar a razão que o levou a fazer a liberalidade; **e)** nomeação a termo, somente nas disposições fideicomissárias (fora desta hipótese, a designação será tida por não escrita) ou quando se tratar de nomeação de legatário (CC, art. 1.924), pois a proibição constante do art. 1.898 só atinge o herdeiro.
	As do art. 1.911 do CC	É permitida a imposição, pelos testadores, de ônus ou gravame sobre os bens que integram a herança

	As do art. 1.911 do CC	e compõem a metade disponível (cláusulas de inalienabilidade, vitalícia ou temporária, impenhorabilidade e incomunicabilidade dos bens). Salvo se houver justa causa, declarada no testamento, não podem tais cláusulas ser estabelecidas sobre os bens da legítima (CC, art. 1.848).

Capítulo VII

DOS LEGADOS

Seção I

DISPOSIÇÕES GERAIS

37 INTRODUÇÃO

Legado é coisa certa e determinada deixada a alguém, denominado legatário, em testamento ou codicilo. Difere da herança, que é a totalidade ou parte ideal do patrimônio do *de cujus*. Herdeiro nomeado não se confunde, pois, com legatário. Constitui liberalidade *mortis causa* a título singular. Quando atribuído a herdeiro legítimo (que passa a cumular as qualidades de herdeiro e legatário), denomina-se prelegado ou legado precípuo. Pode haver, portanto, como sujeito, além do testador e do legatário, a figura do prelegatário ou legatário precípuo, que recebe o legado e também os bens que integram o seu quinhão na herança. O herdeiro encarregado de cumpri-lo é chamado de onerado.

38 CLASSIFICAÇÃO

As várias modalidades de legado podem ser classificadas, quanto ao objeto, em: **a)** legado de coisas; **b)** legado de crédito ou de quitação de dívida; **c)** legado de alimentos; **d)** legado de usufruto; **e)** legado de imóvel; **f)** legado de dinheiro; **g)** legado de renda ou pensão periódica; e **h)** legado alternativo. O Código Civil trata das três últimas espécies na seção referente aos efeitos dos legados e seu pagamento. O legado de coisas subdivide-se em: legado de coisa alheia, de coisa do herdeiro ou do legatário, de coisa móvel que se determine pelo gênero ou pela espécie, de coisa comum, de coisa singularizada, de coisa ou quantidade localizada e de coisa incerta. Esta última está regulamentada na seção referente aos efeitos dos legados.

38.1. LEGADO DE COISAS

38.1.1. LEGADO DE COISA ALHEIA

É ineficaz o legado de coisa certa que não pertença ao testador no momento da abertura da sucessão (CC, art. 1.912), pois ninguém pode fazer liberalidade com bens de outrem. A regra comporta, entretanto, duas exceções:

a) a primeira configura-se quando o testador ordena que o herdeiro ou legatário entregue coisa de sua propriedade a outrem, sob pena de entender-se que renunciou à herança, ou ao legado (CC, art. 1.913). A disposição é condicional: o beneficiário só receberá a herança, ou o legado, se entregar a coisa de sua propriedade. A presunção de renúncia é *juris et de jure*. O terceiro gratificado denomina-se sublegatário e sublegado, o bem a lhe ser entregue, pelo herdeiro ou legatário, por determinação do testador. É válida a cláusula pela qual o testador, expressa e condicionalmente, determina que a coisa alheia seja adquirida pelo herdeiro, para ser entregue ao legatário;

b) a segunda exceção ocorre quando há legado de coisa que se determine pelo gênero ou espécie (p. ex., dez sacas de café). Segundo dispõe o art. 1.915 do Código Civil, deve ser cumprido, ainda que tal coisa não exista entre os bens deixados pelo testador. É que o gênero não pertence a ninguém.

Se a coisa legada, não pertencendo ao testador, quando testou, se houver depois tornado sua, por qualquer título, terá efeito a disposição, como se sua fosse a coisa, ao tempo em que fez o testamento. Como este produz efeitos somente após a abertura da sucessão, nessa ocasião estaria o testador dispondo de coisa própria.

38.1.2. LEGADO DE COISA COMUM

Se a coisa legada for comum e somente em parte pertencer ao testador, ou, no caso do art. 1.913 do Código Civil, ao herdeiro ou legatário, só quanto a essa parte valerá o legado (art. 1.914). Este será ineficaz em relação à coisa não pertencente ao *de cujus*, por versar sobre coisa alheia. Somente terá eficácia o legado de coisa certa feito pelo cônjuge casado pelo regime da comunhão universal de bens, se não vier a ser atribuído ao cônjuge sobrevivente, a seu pedido, na partilha. Caso contrário, terá incidido sobre coisa alheia.

38.1.3. LEGADO DE COISA SINGULARIZADA

Se o testador especificar a coisa por suas características, singularizando-a, individualizando-a dentre todas as coisas que existam no mesmo gênero (determinado quadro ou determinado imóvel, p. ex.), só terá eficácia o legado se a coisa for encontrada ou ainda pertencer ao *de cujus* ao tempo de sua morte (CC, art. 1.916). Se ainda existir, mas em quantidade inferior à do legado, este só será eficaz quanto à existente. Não se vendem bens do espólio para recompor a quantidade primitiva, entregando-se ao legatário o que existir, isto é, o remanescente. Se vários forem os beneficiários, far-se-á o rateio.

38.1.4. LEGADO DE COISA LOCALIZADA

O legado de coisa que deva encontrar-se em certo lugar só terá eficácia se nele for achada, salvo se removida a título transitório (CC, art. 1.917). Trata o dispositivo de coisas que devam estar, habitual e permanentemente, no lugar designado pelo testador, como, por exemplo, os móveis de determinado cômodo. Se eram vários, mas só existia um ao tempo da morte do testador, o legado só valerá no tocante a este, isto é, ao número efetivamente encontrado, salvo se ficar demonstrado que os demais foram dolosamente removidos por outrem. Prevalece o legado quanto a coisas removidas temporariamente de um lugar e que a ele devem retornar oportunamente, como o gado de determinada fazenda, transferido provisoriamente para que se efetuem reparos nas cercas.

38.2. LEGADO DE CRÉDITO OU DE QUITAÇÃO DE DÍVIDA

Pode o legado ter por objeto um crédito ou a quitação de uma dívida, tendo eficácia tão somente até à importância desta, ou daquele, ao tempo da morte do testador (CC, art. 1.918). Cumpre-se este legado entregando o herdeiro ao legatário o título respectivo (§ 1º).

No legado de crédito, o devedor é terceiro, caracterizando-se verdadeira cessão, em que o legatário substitui o testador e primitivo credor e pode promover a respectiva cobrança. O espólio não responde pela solvência do devedor. Se este for o próprio legatário, o legado será de quitação de dívida, operando como autêntica remissão (CC, art. 386), pois o herdeiro devolver-lhe-á o título. Não abrange as dívidas posteriores à data do testamento (art. 1.918, § 2º). Não o declarando expressamente o testador, não se reputará compensação da sua dívida o legado que ele faça ao credor (art. 1.919). Aplica-se tal dispositivo às hipóteses em que o testador é quem deve ao legatário. Salvo expressa ressalva feita por aquele, o herdeiro terá de pagar ao legatário o crédito que este tinha contra o espólio e ainda entregar-lhe o legado.

38.3. LEGADO DE ALIMENTOS

De acordo com o art. 1.920 do Código Civil, o legado de alimentos abrange o sustento, a cura, o vestuário e a casa, enquanto o legatário viver, além da educação, se ele for menor. O testador é quem deve fixar o valor da pensão alimentícia. Se não o fizer, tal tarefa cabe ao juiz, que agirá *cum arbitrio boni viri*, levando em conta as forças da herança, a condição social e a necessidade do legatário. Os alimentos testamentários não se confundem com os legais, não se lhes aplicando os princípios destes. Assim, sejam fixados pelo testador ou pelo juiz, não se alteram em razão da modificação das circunstâncias e da situação econômica do beneficiado.

38.4. LEGADO DE USUFRUTO

Quando o testador não fixa o tempo do legado de usufruto, entende-se que é vitalício, ou seja, deixado por toda a vida do legatário (CC, art. 1.921). Com a morte deste, consolida-se o domínio do nu-proprietário, que pode ser um herdeiro ou terceiro. Se o testador não faz a indicação, entende-se que beneficiou o herdeiro com a nua-propriedade. Quando o legado é deixado a pessoa jurídica, extingue-se com esta, ou, se ela perdurar, aos trinta anos da data em que se começou a exercer (art. 1.410, III). Legado conjuntamente a duas ou mais pessoas, o direito de acrescer será regulado pelo art. 1.946 do Código Civil.

38.5. LEGADO DE IMÓVEL

Nesta espécie de legado não se compreendem na liberalidade novas aquisições que lhe tenha ajuntado o testador, ainda que contíguas, salvo expressa declaração em contrário (art. 1.922). A restrição legal é voltada para as ampliações ou acréscimos externos ao imóvel não classificados como benfeitorias (parágrafo único). Estas, sejam necessárias, úteis ou voluptuárias, sendo bens acessórios, aderem ao imóvel legado. Do mesmo modo, se no terreno o testador ergue uma construção (acessão industrial), revela o propósito de aditá-la ao legado.

Seção II

DOS EFEITOS DO LEGADO E DO SEU PAGAMENTO

39 DA AQUISIÇÃO DOS LEGADOS

Pelo princípio da *saisine*, acolhido no art. 1.784 do Código Civil, aberta a sucessão, o herdeiro, legítimo ou testamentário, adquire desde logo a propriedade e a posse da herança. O mesmo não ocorre no tocante ao legatário. Este adquire apenas a propriedade de coisa certa, existente no acervo, salvo se o legado estiver sob condição suspensiva (CC, art. 1.923). Se se tratar de coisa incerta, fungível, só a adquire com a partilha. No que tange à posse, a abertura da sucessão confere ao legatário somente o direito de pedi-la aos herdeiros instituídos, não podendo obtê-la por sua própria autoridade (§ 1º), sob pena de incorrer no crime de exercício arbitrário das próprias razões. O herdeiro não é obrigado a cumprir desde logo o legado, devendo antes verificar se o espólio é solvente. Isto porque se o passivo o absorver integralmente, podem os legatários ser obrigados a concorrer para o resgate dos débitos. O pedido deve ser formulado no inventário. Se todos concordarem, poderá ser deferido desde logo. Caso contrário, o legatário terá de aguardar a partilha, na qual será contemplado (CPC, art. 647). Antes da entrega da coisa, cabe tão somente ao herdeiro, ou ao inventariante, a defesa judicial da posse do bem legado.

Esses são os efeitos do legado puro e simples (CC, art. 1.923). Todavia, pode ser, ainda, condicional, a termo ou modal. No condicional, o legatário só pode reclamar a coisa após o implemento da condição (art. 1.924). Falecendo antes, caduca o legado (art. 1.943). No a termo, só pode reclamá-la com o advento do *dies a quo*, malgrado adquira o domínio dos bens infungíveis com a morte do testador. O legado modal ou com encargo funciona como puro e simples, pois não impede a aquisição do domínio e o direito de pedir, desde logo, a sua entrega aos herdeiros. Sujeita o legatário, entretanto, ao seu cumprimento. Dispõe o art. 1.938 do Código Civil que "nos legados com encargo, aplica-se ao legatário o disposto neste Código quanto às doações de igual natureza". Só poderá ser revogada a deixa testamentária por descumprimento do encargo, mediante aplicação analógica do art. 562, se tal possibilidade tiver sido expressamente prevista pelo testador (*v.* n. 36, *retro*). Não se exercerá o direito de pedir o legado enquanto se litigue sobre a validade do testamento (art. 1.924) porque a ação ajuizada impede que este produza efeitos.

40 DOS EFEITOS QUANTO ÀS SUAS MODALIDADES

40.1. FRUTOS DA COISA LEGADA. LEGADO DE DINHEIRO

Malgrado o legatário tenha de pedir o legado ao herdeiro no inventário, pertencem-lhe os frutos desde a morte do testador, exceto se dependente de condição suspensiva, ou de termo inicial (CC, art. 1.923, § 2º), excluídos os colhidos anteriormente. O herdeiro entrega-lhe a coisa tal como se ache no momento da abertura da sucessão, com os acréscimos sobrevindos. Há, no entanto, algumas exceções: **a)** o legado em dinheiro só vencerá juros desde o dia em que se constituir em mora a pessoa obrigada a prestá-lo (art. 1.925). O legatário terá de interpelar o herdeiro ou testamenteiro, pois somente a partir de tal ato vencem-se os juros; **b)** no legado condicional ou a termo, o legatário só terá direito aos frutos após o implemento da condição ou do advento da data estipulada; **c)** excluem-se os frutos desde a morte do testador no legado de coisa incerta ou não encontrada entre os bens por ele deixados.

40.2. LEGADO DE RENDA OU PENSÃO PERIÓDICA

Se o legado consistir em renda vitalícia ou pensão periódica, esta ou aquela correrá da morte do testador (CC, art. 1.926). Entrega-se certo capital, em imóveis ou dinheiro, ao herdeiro encarregado de satisfazer o legado em prestações. Se for de quantidade certa, em prestações periódicas, o primeiro período datará da morte do testador, e o legatário terá direito a cada prestação, uma vez encetado cada um dos períodos sucessivos, ainda que venha a falecer antes do termo dele (art. 1.927). Em princípio, as prestações são exigíveis no final de cada período (art. 1.928), salvo no caso de alimentos, que pagar-se-ão no começo de cada período, dado o seu objetivo, sempre que outra coisa não disponha o testador (parágrafo único).

40.3. LEGADO DE COISA INCERTA

Se o testador deixou coisa certa e determinada, deve esta ser entregue ao legatário, que não é obrigado a receber outra, ainda que mais valiosa (CC, art. 313). Contudo, se limitou-se a determinar o gênero ou a espécie, deixando, portanto, coisa incerta, tocará ao herdeiro, que é o devedor, escolhê-la, guardando, porém, o meio-termo entre as congêneres da melhor e pior qualidade (art. 1.929). Sujeito ao critério do valor médio, não pode entregar a pior coisa que encontrar no espólio, dentre as do mesmo gênero ou espécie, nem está obrigado a escolher a de melhor qualidade. A referida regra constitui reiteração da já estabelecida no art. 244. Aplica-se também às hipóteses em que a escolha é deixada a arbítrio de terceiro, ou passa ao juiz, em razão de aquele não querer, ou não poder aceitar a incumbência (art. 1.930).

A escolha cabe ao herdeiro, se o testador silenciou a esse respeito. Neste caso, o legado chama-se *electionis*. Pode ele, no entanto, deixar a opção ao arbítrio de terceiro ou do legatário. Na última hipótese, denomina-se *optionis* e poderá o gratificado escolher, dentre as coisas do mesmo gênero e espécie, a melhor que existir na herança. Se não existir coisa de tal espécie, o herdeiro terá, então, de adquiri-la, voltando a ter aplicação a última parte do art. 1.929, que impõe o critério do valor médio. O legatário, neste caso, terá de contentar-se com o meio-termo (art. 1.931).

40.4. LEGADO ALTERNATIVO

Nesta espécie, presume a lei deixada ao herdeiro a opção, por ser o devedor (CC, art. 1.932), salvo se o testador houver estipulado de forma diversa, atribuindo-a a terceiro ou ao legatário. É o mesmo critério do art. 252, referente às obrigações alternativas. Se o herdeiro ou legatário a quem couber a opção falecer antes de exercê-la, passará este poder aos seus herdeiros (art. 1.933). Uma vez feita, porém, a opção é irrevogável.

41 DA RESPONSABILIDADE PELO PAGAMENTO DO LEGADO

No silêncio do testamento, o cumprimento dos legados incumbe aos herdeiros e, não os havendo, aos legatários, na proporção do que herdaram (CC, art. 1.934). Se o testador, no entanto, encarregar da execução somente certos herdeiros (por isso chamados de onerados), apenas estes por ela responderão, ficando os demais exonerados do gravame (parágrafo único). Entende-se que o testador quis gravar de ônus a quota dos nomeados. Se instituído um único herdeiro, obviamente só a ele incumbe o cumprimento do legado. Se a coisa legada pertence ao herdeiro ou legatário (art. 1.913), cumpre-lhe entregá-la ao sublegatário, com direito de regresso contra os coerdeiros, pela quota de cada um, salvo se o contrário expressamente houver disposto o testador (art. 1.935).

As despesas (como o recolhimento do imposto de transmissão *causa mortis*, depósito, transportes etc.), bem como os riscos da entrega do legado, correm à conta do legatário (gratificado) se não dispuser diversamente o testador (CC, art. 1.936). A coisa legada entregar-se-á, com seus acessórios, no lugar e estado em que se achava ao falecer o testador, passando ao legatário com todos os encargos que a onerarem (art. 1.937).

Seção III

DA CADUCIDADE DOS LEGADOS

42 INTRODUÇÃO

O legado pode deixar de produzir os efeitos mencionados na seção anterior em razão da nulidade do testamento, ou de sua ineficácia decorrente da revogação e da caducidade. Na revogação ou adenção (*ademptio*), o testador revoga o legado, no mesmo testamento ou em posterior, expressa ou tacitamente. Caducidade vem a ser a ineficácia, por causa ulterior, de disposição testamentária originariamente válida. Não se confunde com nulidade, em que o testamento já nasce inválido, por inobservância das formalidades legais ou em razão da incapacidade do agente. O legado válido pode caducar por causa superveniente, de ordem objetiva (falta do objeto do legado) ou subjetiva (falta do beneficiário). Em qualquer desses casos, volta ele à massa hereditária, beneficiando os herdeiros, nos termos do art. 1.788, última parte, do Código Civil.

As causas de caducidade vêm enumeradas no art. 1.939 do mesmo diploma. As duas primeiras (incisos I e II) constituem, na realidade, causas de revogação tácita. A modificação da coisa, a sua alienação e a evicção ou perecimento (incisos I a III) afetam o objeto do legado. A exclusão por indignidade e a pré-morte do legatário (incisos IV e V) relacionam-se com a falta do beneficiário. Além destas, podem ser incluídas outras causas de ordem subjetiva, como a renúncia, o falecimento do legatário antes do implemento da condição e a falta de legitimação, quando da abertura da sucessão, nos termos dos arts. 1.802 e 1.943 do Código Civil.

43 DAS CAUSAS OBJETIVAS

Caducará o legado em caso de:

a) modificação da coisa legada, pelo testador, ao ponto de já não ter a forma nem lhe caber a denominação que possuía (CC, art. 1.939, I). Dois são os requisitos para que ocorra a caducidade: a modificação deve ser substancial e feita pelo próprio testador, ou à sua ordem. Como exemplo de modificação substancial, pode ser lembrada a transformação de uma mobília em lenha. Transformações feitas por terceiros, à revelia do testador, ou acidentais, decorrentes de caso fortuito ou força maior, como o derretimento de ouro ou prata num incêndio, não acarretam a caducidade. As efetuadas pelo próprio testador demonstram sua intenção de revogar o legado;

b) alienação da coisa legada, pelo testador, por qualquer título, no todo ou em parte. Em tal caso, caducará o legado até onde ela deixar de pertencer ao testador (CC, art. 1.939, II). Cuida-se de alienação a qualquer título, oneroso ou gratuito, feita a terceiro. Demonstra a intenção do testador de revogar a liberalidade, sendo absoluta a presunção gerada nesse sentido. A feita ao próprio legatário só acarreta a caducidade se for a título gratuito. Se a título oneroso, assiste ao legatário direito ao preço que pagou, malgrado entendam alguns poucos que a situação é idêntica à da alienação gratuita, e que o legado será, igualmente, ineficaz. No entanto, se o testador manteve a deixa, é porque persistiu no intuito de beneficiar o legatário. Se a alienação a terceiro é parcial, caduca o legado até onde a coisa deixou de pertencer ao testador. Só a voluntária é causa de caducidade, não a involuntária, como, por exemplo, a decorrente de desapropriação. No entanto, por ter, neste caso, desaparecido o objeto do litígio, que passou para o domínio do expropriante, a deixa perde a sua eficácia, por configurar um legado de coisa alheia, salvo se readquirido pelo testador, como na hipótese de retrocessão (art. 519). Mesmo que o testador venha a adquirir novamente a coisa alienada voluntariamente, a caducidade já estará consumada, não ficando restaurado o legado. Somente mediante novo testamento poderá este ser revitalizado. Mesmo que a alienação venha a ser anulada, não se revigora o legado, pois a intenção do testador em revogar a liberalidade ficou evidenciada;

c) evicção ou perecimento da coisa legada, sem culpa do herdeiro ou legatário incumbido do seu cumprimento, estando vivo ou morto o testador (CC, art. 1.939, III). Verificada a evicção, caduca o legado, pois o seu objeto pertence a outrem. Se parcial, subsiste o legado no remanescente. Se a coisa perece, o legado fica sem objeto. Qualquer que seja a causa do perecimento, resolve-se o legado, não assistindo ao legatário direito de reclamar pagamento do valor da coisa, pois presume-se que o testador apenas pretendeu deixar a própria coisa e não o seu valor. O dispositivo em estudo ressalva, no entanto, expressamente, o pressuposto de não ter havido culpa do herdeiro ou legatário incumbido do cumprimento do legado. Caso contrário, isto é, se ela for comprovada, o beneficiário estará autorizado a postular o ressarcimento. Entretanto, se o perecimento ocorrer por culpa de terceiro, somente o próprio testador ou seus herdeiros podem pleiteá-lo. Subsistirá o legado alternativo em relação às coisas restantes se perecerem algumas delas. Perecendo parte de uma, valerá, quanto ao seu remanescente, o legado (art. 1.940). No legado de gênero, não se opera a caducidade, porque o gênero nunca perece (*genus nunquam perit*), ainda que deixem de existir todas as coisas da mesma espécie que existiam no patrimônio do *de cujus* (art. 1.915).

44 DAS CAUSAS SUBJETIVAS

Caducará, também, o legado em caso de:

a) exclusão do legatário por indignidade, nos termos do art. 1.815 (CC, art. 1.939, IV). Presume-se que o testador não desejaria que a coisa legada ficasse com quem se mostrou indigno, praticando atentado contra a sua vida, sua honra ou sua liberdade de testar. No entanto, se o fato é anterior ao testamento, o legado implica perdão tácito ao legatário (art. 1.818, parágrafo único);

b) falecimento do legatário (CC, art. 1.939, V) antes do testador (premoriência), quando, então, desaparece o sujeito da liberalidade. Sendo esta feita *intuitu personae*, o legado não é transmitido aos seus herdeiros, na hipótese de pré-morte. Presume-se que a intenção é beneficiá-lo pessoalmente. Nada impede, porém, que o testador institua os referidos herdeiros substitutos do gratificado. Subsiste o legado se houver direito de acrescer entre colegatários (art. 1.942);

c) renúncia do legatário (CC, art. 1.943), que não pode ser parcial: ou aceita totalmente o legado ou a ele renuncia integralmente. Nada obsta que renuncie ao legado e aceite a herança, ou vice-versa, mas sempre por inteiro (art. 1.808 e § 1º);

d) falecimento do legatário antes do implemento da condição suspensiva a que estava subordinada a eficácia da gratificação (CC, art. 1.943);

e) falta de legitimação do legatário no momento da abertura da sucessão, nos termos do art. 1.802 do Código Civil.

Quadro sinótico – Dos legados

1. Conceito	Legado é coisa certa e determinada deixada a alguém, denominado legatário, em testamento ou codicilo. Difere da herança, que é a totalidade ou parte ideal do patrimônio do *de cujus*.
2. Legatário e prelegatário	Legatário é o indivíduo contemplado em testamento com coisa certa e determinada. Prelegatário ou legatário precípuo é o herdeiro legítimo que recebe os bens que integram o seu quinhão na herança e também é beneficiado com um legado.

3. Classificação quanto ao objeto	a) legado de coisas	– legado de coisa alheia; – legado de coisa do herdeiro ou do legatário; – legado de coisa móvel que se determine pelo gênero ou pela espécie; – legado de coisa comum; – legado de coisa singularizada; – legado de coisa ou quantidade localizada; – legado de coisa incerta;
	b) legado de crédito ou de quitação de dívida; c) legado de alimentos; d) legado de usufruto; e) legado de imóvel; f) legado de dinheiro; g) legado de renda ou pensão periódica; h) legado alternativo.	
4. Legado de coisas	Legado de coisa alheia	É ineficaz o legado de coisa certa que não pertença ao testador no momento da abertura da sucessão (CC, art. 1.912). A regra comporta duas exceções: a) quando o testador ordena que o herdeiro ou legatário entregue coisa de sua propriedade a outrem (CC, art. 1.913); b) quando há legado de coisa que se determine pelo gênero ou espécie (art. 1.915).
	Legado de coisa comum	Se a coisa legada for comum e somente em parte pertencer ao devedor, ou, no caso do art. 1.913 do CC, ao herdeiro ou ao legatário, só quanto a essa parte valerá o legado (art. 1.914).
	Legado de coisa singularizada	Se o testador especificar a coisa por suas características, só terá eficácia o legado se a coisa for encontrada ou ainda pertencer ao *de cujus* ao tempo de sua morte (art. 1.916).
	Legado de coisa localizada	O legado de coisa que deva encontrar-se em certo lugar só terá eficácia se nele for achada, salvo se removida a título transitório (art. 1.917).
5. Legado de crédito ou de quitação de dívida	O legado de crédito, ou de quitação de dívida, terá eficácia somente até a importância desta, ou daquele, ao tempo da morte do testador (CC, art. 1.918). Cumpre-se este legado entregando o herdeiro ao legatário o título respectivo (§ 1º).	
6. Legado de alimentos	O legado de alimentos abrange o sustento, a cura, o vestuário e a casa, enquanto o legatário viver, além da educação, se ele for menor (art. 1.920).	

<table>
<tr><td>7. Legado de usufruto</td><td colspan="3">Quando o testador não fixa o tempo do legado de usufruto, entende-se que é vitalício, ou seja, deixado por toda a vida do legatário (art. 1.921).</td></tr>
<tr><td>8. Legado de imóveis</td><td colspan="3">Nessa espécie de legado, não se compreendem na liberalidade novas aquisições que lhe tenha ajuntado o testador, ainda que contíguas, salvo expressa declaração em contrário (art. 1.922).</td></tr>
<tr><td rowspan="6">9. Efeitos do legado</td><td>Quanto à sua aquisição</td><td colspan="2">O legatário, aberta a sucessão, adquire a propriedade de coisa certa existente no acervo, salvo se o legado estiver sob condição suspensiva (art. 1.923). Quanto à posse, a aludida abertura confere-lhe somente o direito de pedi-la aos herdeiros instituídos, não podendo obtê-la por sua própria autoridade (§ 1º).</td></tr>
<tr><td rowspan="5">Quanto às suas modalidades</td><td>Frutos da coisa legada</td><td>Malgrado o legatário tenha de pedir o legado ao herdeiro, pertencem-lhe os frutos desde a morte do testador, exceto se dependente de condição suspensiva, ou de termo inicial (art. 1.923, § 2º).</td></tr>
<tr><td>Legado em dinheiro</td><td>O legado em dinheiro só vence juros desde o dia em que se constituir em mora a pessoa obrigada a prestá-lo (art. 1.925).</td></tr>
<tr><td>Legado de renda</td><td>Se o legado consistir em renda vitalícia ou pensão periódica, esta ou aquela correrá da morte do testador (art. 1.926).</td></tr>
<tr><td>Legado de coisa incerta</td><td>Se o testador limitou-se a determinar o gênero ou a espécie da coisa, tocará ao herdeiro, que é devedor, escolhê-la, guardando, porém, o meio-termo entre as congêneres da melhor e pior qualidade.</td></tr>
<tr><td>Legado alternativo</td><td>Nessa espécie, presume a lei deixada ao herdeiro a opção, por ser o devedor (art. 1.932), salvo se o testador houver estipulado de forma diversa, atribuindo-a a terceiro ou ao legatário.</td></tr>
</table>

<table>
<tr><td>10. Responsabilidade pelo pagamento do legado</td><td colspan="2">No silêncio do testamento, o cumprimento dos legados incumbe aos herdeiros e, não os havendo, aos legatários, na proporção do que herdaram (CC, art. 1.934).</td></tr>
<tr><td rowspan="3">11. Caducidade dos legados</td><td>Conceito</td><td>Caducidade vem a ser a ineficácia, por causa ulterior, de disposição testamentária originariamente válida. Não se confunde com nulidade, em que o testamento já nasce inválido, por inobservância das formalidades legais ou em razão da incapacidade do agente.</td></tr>
<tr><td>Causas objetivas</td><td>a) modificação da coisa legada, pelo testador, ao ponto de já não ter a forma nem lhe caber a denominação que possuía (CC, art. 1.939, I);
b) alienação da coisa legada, pelo testador, por qualquer título, no todo ou em parte (art. 1.939, II);
c) evicção ou perecimento da coisa legada, sem culpa do herdeiro ou legatário incumbido do seu cumprimento, estando vivo ou morto o testador (art. 1.939, II).</td></tr>
<tr><td>Causas subjetivas</td><td>a) exclusão do legatário por indignidade, nos termos do art. 1.815 (CC, art. 1.939, IV);
b) falecimento do legatário (art. 1.939, V) antes do testador (premoriência);
c) renúncia do legatário (art. 1.943), que não pode ser parcial: ou aceita totalmente o legado ou a ele renuncia integralmente;
d) falecimento do legatário antes do implemento da condição suspensiva a que estava subordinada a eficácia da gratificação (art. 1.943);
e) falta de legitimação do legatário no momento da abertura da sucessão, nos termos do art. 1.802 do CC.</td></tr>
</table>

Capítulo VIII

DO DIREITO DE ACRESCER ENTRE HERDEIROS E LEGATÁRIOS

45 CONCEITO

Dá-se o direito de acrescer quando o testador contempla vários beneficiários (coerdeiros ou colegatários), deixando-lhes a mesma herança, ou a mesma coisa determinada e certa, em porções não determinadas, e um dos concorrentes vem a faltar (CC, art. 1.941). Poderá ocorrer também, entre colegatários, quando o objeto do legado não puder ser dividido sem risco de desvalorização (art. 1.942). O art. 1.943 menciona as hipóteses em que o nomeado não pode ou não quer recolher a herança: pré-morte; exclusão por indignidade (art. 1.814) ou falta de legitimação, nos casos do art. 1.801; não verificação da condição sob a qual foi instituído; e renúncia.

A parte do que faltar será recolhida pelo substituto designado pelo testador, se este, prevendo o acontecimento, tiver feito a nomeação. Caso contrário, acrescerá ao quinhão dos coerdeiros ou legatários. Tal acréscimo não ocorrerá, entretanto, se o testador, ao fazer a nomeação conjunta, especificou o quinhão de cada um (p. ex., a metade, 1/3 etc.). Entende-se que, nesse caso, a intenção do testador foi beneficiar cada qual somente com a porção especificada. Por essa razão, a quota vaga do contemplado que vier a faltar será devolvida aos herdeiros legítimos do testador (CC, art. 1.944).

Para que ocorra o direito de acrescer são necessários, portanto, os seguintes requisitos: **a)** nomeação de coerdeiros, ou colegatários, na mesma disposição testamentária (não necessariamente na mesma frase); **b)** deixa dos mesmos bens ou da mesma porção de bens; **c)** ausência de quotas hereditárias determinadas. Presume-se que o testador nomeia herdeiros para toda a herança ou deixa a vários legatários a mesma coisa ou parte dela. A disciplina de tal direito, que só se verifica na sucessão testamentária (na legítima, o direito de representação impede a sua aplicação, salvo na hipótese de renúncia, prevista no art. 1.810), encontra-se nos arts. 1.941 a 1.946 do Código Civil. Todavia, não é privativo do direito das sucessões, podendo ocorrer também no direito das coisas (art. 1.411) e no direito das obrigações (art. 551, parágrafo único).

46 ESPÉCIES

De acordo com a tradição romana, acolhida pelo nosso ordenamento, distinguem-se três espécies de disposições conjuntas: **a)** conjunção real (*re tantum*), quando os diversos instituídos são chamados, por frases distintas, a suceder na mesma coisa, sem discriminação dos quinhões. Exemplo: "deixo tal imóvel a José" e, mais adiante, "deixo tal imóvel (o mesmo anteriormente descrito) a João"; **b)** conjunção mista (*re et verbis*), quando o testador, na mesma frase, designa vários herdeiros ou legatários para a mesma coisa (uma universalidade de bens ou uma coisa certa), sem distribuição de partes. Exemplo: "deixo tal imóvel a José e a João"; **c)** conjunção verbal, quando o testador, na mesma disposição, designa herdeiros ou legatários, especificando o quinhão de cada um. Exemplo: "deixo tal imóvel a José e a João, metade para cada um". As conjunções real e mista geram o direito de acrescer. O mesmo não ocorre com a verbal, em que o testador especifica os quinhões, expressando a sua vontade de que cada um receba somente a quota por ele determinada.

Os coerdeiros ou colegatários, aos quais acresceu o quinhão daquele que não quis ou não pôde suceder, ficam sujeitos às obrigações ou encargos que o oneravam (CC, art. 1.943, parágrafo único). Excluem-se somente os encargos personalíssimos. Se um dos herdeiros aliena a sua quota e, posteriormente, outro coerdeiro vem a faltar, o adquirente será favorecido pelo direito de acrescer, pois o fenômeno é idêntico ao da aluvião, que se verifica em favor daquele que possui o imóvel aumentado. Investe-se este em todos os direitos do alienante, especialmente se a transferência foi feita sem qualquer ressalva. A questão, entretanto, não é pacífica, entendendo alguns que a alienação restringe-se à porção hereditária tal qual existia no momento da alienação.

Não pode o beneficiário do acréscimo repudiá-lo separadamente da herança ou do legado que lhe caiba, salvo se o acréscimo comportar encargos especiais impostos pelo testador; nesse caso, uma vez repudiado, reverte o acréscimo para a pessoa a favor de quem os encargos foram instituídos (CC, art. 1.945).

Legado um só usufruto conjuntamente a duas ou mais pessoas, a parte da que faltar acresce aos colegatários. Quando, porém, não há conjunção, ou, mesmo que esta exista, o usufruto é legado em partes certas, as quotas dos que faltarem extinguem-se e consolidam-se na propriedade, de tal sorte que o nu-proprietário vai gradativamente recebendo a plenitude do uso e gozo da coisa (CC, art. 1.946).

Quadro sinótico – Do direito de acrescer entre herdeiros e legatários

1. Conceito	Dá-se o direito de acrescer quando o testador contempla vários beneficiários (coerdeiros ou colegatários), deixando-lhes a mesma herança, ou a mesma coisa determinada e certa, em porções não determinadas, e um dos concorrentes vem a faltar (CC, art. 1.941).
2. Hipóteses legais	**a)** pré-morte do nomeado; **b)** exclusão por indignidade (art. 1.814); **c)** falta de legitimação, nos casos do art. 1.801; **d)** não verificação da condição sob a qual foi instituído; **e)** renúncia.
3. Requisitos	**a)** nomeação de coerdeiros, ou colegatários, na mesma disposição testamentária (não necessariamente na mesma frase); **b)** deixa dos mesmos bens ou da mesma porção de bens; **c)** ausência de quotas hereditárias determinadas.
4. Espécies	**a)** conjunção real (*re tantum*), quando os diversos instituídos são chamados, por frases distintas, a suceder na mesma coisa, sem discriminação dos quinhões; **b)** conjunção mista (*re et verbis*), quando o testador, na mesma frase, designa vários herdeiros ou legatários para a mesma coisa, sem distribuição de partes;
4. Espécies	**c)** conjunção verbal, quando o testador, na mesma disposição, designa herdeiros ou legatários, especificando o quinhão de cada um.
5. Efeitos	A parte do herdeiro ou legatário que faltar será recolhida pelo substituto designado pelo testador, se este, prevendo o acontecimento, tiver feito a nomeação. Caso contrário, acrescerá ao quinhão dos remanescentes. Tal acréscimo não ocorrerá, entretanto, se o testador, ao fazer a nomeação conjunta, especificar o quinhão de cada um. As conjunções real e mista geram o direito de acrescer. O mesmo não ocorre com a verbal, em que o testador especifica os quinhões.

Capítulo IX

DAS SUBSTITUIÇÕES

47 CONCEITO. ESPÉCIES

Pode o testador, prevendo a hipótese de as pessoas beneficiadas, herdeiros ou legatários, não aceitarem ou não puderem aceitar a herança, nomear-lhes substitutos (CC, art. 1.947). Substituição vem a ser, pois, a indicação de certa pessoa para recolher a herança, ou legado, se o nomeado faltar, ou alguém consecutivamente a ele. Pode faltar o beneficiário em casos de premoriência, exclusão (por indignidade ou falta de legitimação), renúncia e não implemento da condição imposta pelo testador.

No direito romano havia várias espécies de substituição. Restaram, no direito pátrio, somente as seguintes: **a)** a vulgar (ou ordinária), que se divide em simples (ou singular), coletiva (ou plural) e recíproca; **b)** a fideicomissária, que pode ser compendiosa quando combinada com a vulgar.

48 DA SUBSTITUIÇÃO VULGAR

Dá-se a substituição vulgar quando o testador designa uma ou mais pessoas para ocupar o lugar do herdeiro, ou legatário, que não quiser ou não puder aceitar o benefício. Pode ser pura e simples ou mediante a imposição de encargo ou condição ao substituto (como, p. ex., a de se casar). Fica este sujeito ao encargo ou condição impostos ao substituído quando não for diversa a intenção manifestada pelo testador, ou não resultar outra coisa da natureza da condição ou do encargo (CC, art. 1.949), como ocorre nos gravames de natureza estritamente pessoal. Estabelece a vocação direta, porque o substituto herda diretamente do *de cujus*, de quem é sucessor (e não do substituído). Não há dois sucessores sucessivos, pois ou herda o nomeado ou, à falta deste, o substituto designado.

A substituição vulgar pode ser simples (ou singular), quando é designado um só substituto; coletiva (ou plural), quando há mais de um substituto a ser chamado simultaneamente; e recíproca, quando são nomeados dois ou mais beneficiários, estabelecendo o testador que reciprocamente se substituam (CC, art. 1.948).

49 DA SUBSTITUIÇÃO FIDEICOMISSÁRIA

Verifica-se quando o testador nomeia um favorecido e, desde logo, designa um substituto, que recolherá a herança, ou legado, depois daquele. Estabelece-se uma vocação dupla: direta, para o herdeiro ou legatário instituído, que desfrutará do benefício por certo tempo estipulado pelo *de cujus*, e indireta, ou oblíqua, para o substituto. Os contemplados são, assim, nomeados em ordem sucessiva. O fideicomisso só pode ser instituído sobre a metade disponível. Não pode comprometer a legítima, que a lei assegura aos herdeiros necessários, e só pode ser clausulada se houver justa causa, como dispõe o art. 1.848 do estatuto civil (STF-*RTJ*, 105:315). A utilidade do instituto está em possibilitar a deixa testamentária a pessoas ainda não existentes, como a prole eventual.

O Código de 1916 permitia a substituição fideicomissária em favor de qualquer pessoa legitimada a suceder. O novo diploma estabelece, porém, que a referida estipulação somente é permitida "em favor dos não concebidos ao tempo da morte do testador" (art. 1.952). Limita, desse modo, a instituição do fideicomisso somente em benefício da prole eventual. Se, ao tempo da morte do testador, já houver nascido o fideicomissário, adquirirá este a propriedade dos bens fideicomitidos, convertendo-se em usufruto o direito do fiduciário (parágrafo único).

Dispõe o art. 1.951 do Código Civil que "pode o testador instituir herdeiros ou legatários, estabelecendo que, por ocasião de sua morte, a herança ou o legado se transmita ao fiduciário, resolvendo-se o direito deste, por sua morte, a certo tempo ou sob certa condição, em favor de outrem, que se qualifica de fideicomissário". Verifica-se, assim, que há, no fideicomisso, três personagens: **a)** o fideicomitente (testador); **b)** o fiduciário ou gravado (em geral, pessoa de confiança do testador, chamado a suceder em primeiro lugar para cuidar do patrimônio deixado); **c)** o fideicomissário, último destinatário da herança, ou legado.

Observa-se, também, que é o testador quem fixa a duração do fideicomisso (por toda a vida do fiduciário, por certo tempo ou até que se verifique determinada condição resolutiva do direito deste). Tem-se, assim, três modalidades de fideicomisso: **a)** vitalício, em que a substituição ocorre com a morte do fiduciário; **b)** a termo, quando ocorre no momento prefixado pelo testador; e **c)** condicional, se depender do implemento de condição resolutiva. Exige o aludido art. 1.951 do diploma civil, pois, três requisitos para a configuração da substituição fideicomissária: **a)** dupla vocação; **b)** ordem sucessiva; **c)** obrigação de conservar para depois restituir.

49.1. DIREITOS E DEVERES DO FIDUCIÁRIO

Consistem, em síntese, nos seguintes:

a) ser titular de propriedade restrita e resolúvel (CC, art. 1.953);

b) poder exercitar todos os direitos inerentes ao domínio;

c) conservar e restituir a coisa;

d) proceder ao inventário dos bens gravados (art. 1.953, parágrafo único);

e) prestar caução de restituí-los, se exigida (art. 1.953, parágrafo único).

Segundo o art. 1.953, o fiduciário recebe do testador a propriedade restrita e resolúvel. Embora tenha a obrigação de conservar os bens gravados, para depois restituí-los, adquire todos os direitos assegurados pelo art. 1.228 do Código Civil, podendo aliená-los, hipotecá-los ou empenhá-los (salvo se imposta, conjuntamente, a cláusula de inalienabilidade). O domínio, porém, fica sujeito a condição resolutiva. Com a sua morte, resolve-se o do adquirente, que se transfere para o fideicomissário. Dificilmente encontrará terceiro que se interesse pela aquisição nessas circunstâncias. O fiduciário é proprietário sob condição resolutiva, enquanto o fideicomissário vem a sê-lo sob condição suspensiva.

Pode o testador instituir fiduciário, autorizando-o a alienar os bens deixados, determinando que apenas o remanescente seja transferido ao fideicomissário. Essa modalidade especial é denominada fideicomisso de resíduo ou residual, criticada por alguns doutrinadores por descaracterizar o instituto, já que deixa ao arbítrio do gravado a quantidade de bens a ser passada ao substituto. Essa possibilidade insere-se, no entanto, no âmbito da vontade do testador, que deve ser expressa.

49.2. DIREITOS E DEVERES DO FIDEICOMISSÁRIO

Podem ser enumerados os seguintes direitos e deveres do fideicomissário:

a) ajuizar medidas cautelares, de conservação dos bens, antes de verificada a substituição. A sua condição, nessa fase, é a de titular de direito eventual, tendo apenas uma expectativa de direito. Não corre contra ele qualquer prescrição, por não estar legitimado a propor nenhuma ação. Só com a abertura do fideicomisso entra na posse dos bens, com direito a reivindicar os que estejam em poder do fiduciário, ou os eventuamente por ele alienados (CC, art. 1.359), bem como a pleitear a reparação dos danos devidos à culpa;

b) exigir que o fiduciário proceda ao inventário dos bens gravados e preste caução de restituí-los (art. 1.953, parágrafo único), salvo se dispensado pelo testador;

c) receber, se aceitar a herança ou legado, a parte que ao fiduciário, em qualquer tempo, acrescer (art. 1.956);

d) responder pelos encargos da herança que ainda restarem, quando sobrevir a sucessão (art. 1.957);

e) renunciar à herança ou legado e, com isso, acarretar a caducidade do fideicomisso (art. 1.955);

f) aceitar a herança ou o legado, se o fiduciário renunciá-los, salvo disposição em contrário do testador (art. 1.954).

49.3. CADUCIDADE E NULIDADE DO FIDEICOMISSO

Caducará o fideicomisso:

a) se faltar o fideicomissário, por morrer depois do testador, mas antes do fiduciário, ou antes de realizar-se a condição resolutória do direito deste último (neste caso, a propriedade consolida-se no fiduciário, nos termos do art. 1.958), pela renúncia da herança ou legado, se não houver prejuízo para terceiros, "deixando de ser resolúvel a propriedade do fiduciário, se não houver disposição contrária do testador" (art. 1.955), ou pela exclusão por indignidade ou falta de legitimação (arts. 1.801 e 1.814). A herança consolida-se também no fiduciário, salvo se não puder recebê-la por algum motivo a ele pertinente;

b) se faltar a coisa, em caso de perecimento, sem culpa do fiduciário. Subsistirá, no entanto, sobre o remanescente, se parcial o perecimento. O processo de extinção do fideicomisso é regulado pelos arts. 719 a 725 do Código de Processo Civil.

Se o fideicomisso foi instituído a termo e o fiduciário falecer antes de escoado o prazo, transmitem-se os bens aos seus herdeiros, até o momento estabelecido pelo testador, quando então passarão ao fideicomissário. Também transmitem-se aos seus herdeiros se o falecimento ocorrer antes do implemento da condição resolutiva de seu direito. Se instituído por toda a vida do fiduciário (vitalício), a morte deste acarreta automaticamente a resolução do domínio em favor do fideicomissário. Havendo pluralidade de fiduciários conjuntos, somente a extinção de todos operará a substituição, salvo disposição testamentária em contrário.

Se o fiduciário não quiser ou não puder receber a herança, os bens passam diretamente para o fideicomissário, como se se tratasse de substituição vulgar, deixando de existir o fideicomisso. A consequência será a mesma se o fiduciário falecer antes do testador. O fideicomissário poderá reclamar a herança imediatamente após a abertura da sucessão, por não haver intermediário.

São nulos os fideicomissos instituídos sobre a legítima, bem como os que ultrapassam o segundo grau (CC, art. 1.959). A instituição não pode ir além da pessoa do fideicomissário. Se tal ocorrer, nulo será somente o excesso, ou seja, a instituição além do segundo grau, valendo o fideicomisso até esse ponto. O fideicomissário receberá a herança, ou o legado, como se inexistisse a determinação de transmiti-la a outrem, isto é, "sem o encargo resolutório" (art. 1.960). Não é vedada, porém, a instituição de fideicomissários conjuntos. Se um deles falece antes do fiduciário, caduca o fideicomisso na parte que lhe concerne. Somente quanto a ela consolida-se a propriedade.

Não é defeso, também, conciliar o fideicomisso com a substituição vulgar, designando substituto para o caso de o fideicomissário, ou o fiduciário, não poder ou não querer aceitar o benefício. Caracteriza-se, nessa hipótese, a substituição compendiosa, que não ofende o disposto no art. 1.959 do Código Civil porque continua sendo do segundo grau. O substituto só herdará se o fideicomissário não puder ou não quiser aceitar a herança, que passará, então, diretamente do fiduciário àquele.

49.4. FIDEICOMISSO POR ATO *INTER VIVOS*

Mostra-se controvertida a possibilidade de se constituir o fideicomisso por ato *inter vivos*, como a doação, em que o doador faz a liberalidade em favor de determinada pessoa, para que esta, após certo tempo, a transmita a outrem, desde logo indicado. Inclinam-se alguns pela negativa, ao fundamento de tratar-se de matéria peculiar ao direito das sucessões. Prevalece, no entanto, a corrente que sustenta a compatibilidade do instituto com os atos *inter vivos*, por inexistir motivo legal que justifique a vedação. Faz-se, porém, a ressalva de que, neste caso, o fideicomisso reger-se-á pelos dispositivos do direito das obrigações e não deverá ter esse nome. Será, na realidade, uma liberalidade semelhante ao fideicomisso.

49.5. FIDEICOMISSO E USUFRUTO

Malgrado a semelhança entre fideicomisso e usufruto, decorrente do fato de existirem, em ambos, dois beneficiários ou titulares, nítida é a diferença entre os dois institutos: **a)** o usufruto é direito real sobre coisa alheia, enquanto o fideicomisso constitui espécie de substituição testamentária; **b)** naquele, o domínio se desmembra, cabendo a cada titular certos direitos (ao usufrutuário, os de usar e gozar; ao nu-proprietário, os de dispor e reaver), ao passo que no fideicomisso cada titular tem a propriedade plena; **c)** o usufrutuário e o nu-proprietário exercem simultaneamente os seus direitos; o fiduciário e o fideicomissário exercem-nos sucessivamente; **d)** no usufruto, só podem ser contempladas pessoas certas e determinadas, enquanto o fideicomisso permite que se beneficie a prole eventual. Na dúvida, concluir-se-á pelo usufruto.

Quadro sinótico – Das substituições

1. Conceito de substituição hereditária	Substituição vem a ser a indicação de certa pessoa para recolher a herança, ou legado, se o nomeado faltar, ou alguém consecutivamente a ele. Pode faltar o beneficiário em casos de premoriência, exclusão (por indignidade ou falta de legitimação), renúncia e não implemento da condição imposta pelo testador.	
2. Espécies	a) Substituição vulgar	– simples (ou singular); – coletiva (ou plural); – recíproca;
	b) Substituição fideicomissária, que pode ser compendiosa quando combinada com a vulgar.	
3. Substituição vulgar ou ordinária	Conceito	Dá-se a substituição vulgar quando o testador designa uma ou mais pessoas para ocupar o lugar do herdeiro, ou legatário, que não quiser ou não puder aceitar o benefício.
	Espécies	– simples (ou singular), quando é designado um só substituto; – coletiva (ou plural), quando há mais de um substituto, a ser chamado simultaneamente; – recíproca, quando são nomeados dois ou mais beneficiários, estabelecendo o testador que reciprocamente se substituam (CC, art. 1.948).
4. Substituição fideicomissária	Conceito	Verifica-se quando o testador nomeia um favorecido e, desde logo, designa um substituto, que recolherá a herança, ou legado, depois daquele. Estabelece-se uma vocação dupla: direta, para o herdeiro ou legatário instituído, que desfrutará do benefício por certo tempo estipulado pelo *de cujus*, e indireta, ou oblíqua, para os substitutos, os quais são, assim, nomeados em ordem sucessiva. Só pode ser instituída sobre a metade disponível.
	Limitação	O CC estabelece que a referida estipulação somente é permitida "em favor dos não concebidos ao tempo da morte do testador" (art. 1.952). Limita, desse modo, a instituição do fideicomisso somente em benefício da prole eventual. Se ao tempo da morte do testador já houver nascido o fideicomissário, adquirirá este a propriedade dos bens fideicomitidos, convertendo-se em usufruto o direito do fiduciário (parágrafo único).

4. Substituição fideicomissária	Personagens	a) o fideicomitente (testador); b) o fiduciário ou gravado: em geral, pessoa de confiança do testador, chamado a suceder em primeiro lugar para cuidar do patrimônio deixado; c) o fideicomissário, último destinatário da herança, ou legado.
	Espécies	a) fideicomisso vitalício, em que a substituição ocorre com a morte do fiduciário; b) fideicomisso a termo, quando ocorre no momento prefixado pelo testador; c) fideicomisso condicional, se depender do implemento de condição resolutiva.
	Requisitos (art. 1.951)	a) dupla vocação; b) ordem sucessiva; c) obrigação de conservar para depois restituir.
	Direitos e deveres do fiduciário	– ser titular de propriedade restrita e resolúvel (CC, art. 1.953); – poder exercitar todos os direitos inerentes ao domínio; – conservar e restituir a coisa; – proceder ao inventário dos bens gravados (art. 1.953, parágrafo único); – prestar caução de restituí-los, se exigida (art. 1.953, parágrafo único).
	Direitos e deveres do fideicomissário	– ajuizar medidas cautelares, de conservação dos bens, antes de verificada a substituição, na condição de titular de direito eventual; – exigir que o fiduciário proceda ao inventário dos bens gravados e preste caução de restituí-los (art. 1.953, parágrafo único), salvo se dispensado pelo testador; – receber, se aceitar a herança ou legado, a parte que, ao fiduciário, em qualquer tempo, acrescer (art. 1.956); – responder pelos encargos da herança que ainda restarem, ao sobrevir a sucessão (art. 1.957); – renunciar à herança ou legado e, com isso, acarretar a caducidade do fideicomisso (art. 1.955); – aceitar a herança ou o legado, se o fiduciário renunciá-los, salvo disposição em contrário do testador (art. 1.954).
	Caducidade do fideicomisso	– se faltar o fideicomissário, por morrer depois do testador, mas antes do fiduciário, ou antes de reali-

4. Substituição fideicomissária	Caducidade do fideicomisso	zar-se a condição resolutória do direito deste último, pela renúncia da herança ou legado, se não houver prejuízo para terceiros, ou pela exclusão por indignidade ou falta de legitimação; – se faltar a coisa, em caso de perecimento, sem culpa do fiduciário. Subsistirá, no entanto, sobre o remanescente, se parcial o perecimento.
	Nulidade do fideicomisso	São nulos os fideicomissos instituídos sobre a legítima, bem como os que ultrapassam o segundo grau (CC, art. 1.959).
	Distinção entre fideicomisso e usufruto	– O usufruto é direito real sobre coisa alheia, enquanto o fideicomisso constitui espécie de substituição testamentária. – Naquele, o domínio se desmembra, cabendo a cada titular certos direitos, ao passo que no fideicomisso cada titular tem a propriedade plena. – O usufrutuário e o nu-proprietário exercem simultaneamente os seus direitos; o fiduciário e o fideicomissário exercem-nos sucessivamente. – No usufruto, só podem ser contempladas pessoas certas e determinadas, enquanto o fideicomisso permite que se beneficie a prole eventual.

Capítulo X

DA DESERDAÇÃO

50 CONCEITO

Deserdação é o ato unilateral pelo qual o testador exclui da sucessão herdeiro necessário, mediante disposição testamentária motivada em uma das causas previstas em lei. Não se confunde com indignidade, como vimos no n. 10, *retro*, embora ambas tenham a mesma finalidade, qual seja, excluir da sucessão quem praticou atos condenáveis contra o *de cujus*. Distingue-se também da erepção, que ocorre quando o testador deixa de contemplar, em testamento, o herdeiro necessário, dispondo da metade disponível em favor de herdeiro não necessário ou de terceiro.

51 REQUISITOS DE EFICÁCIA

A efetivação da deserdação exige a concorrência dos seguintes pressupostos:

a) existência de herdeiros necessários (CC, art. 1.961). A lei assegura a estes a legítima, ou reserva. A deserdação constitui, pois, exceção a essa garantia que a lei confere aos descendentes, ascendentes e cônjuge, sendo o único meio de afastá-los da sucessão. Para excluir os demais herdeiros, no entanto, basta o testador dispor de seu patrimônio sem os contemplar (art. 1.850);

b) testamento válido (CC, art. 1.964), não produzindo a deserdação efeito quando determinada em testamento nulo, revogado ou caduco. É o único meio admitido. Não pode ser substituído por escritura pública, instrumento particular autenticado, termo judicial ou codicilo. A deserdação deve ser expressa, não se admitindo a implícita. Pode ser concedido perdão ao deserdado somente em novo testamento. Testamento posterior que não reitere a deserdação determinada no anterior revoga-o nessa parte, significando perdão implícito. A simples reconciliação com o deserdado não invalida a pena;

c) expressa declaração de causa prevista em lei. As causas estão enumeradas nos arts. 1.962 e 1.963 do Código Civil, cujo rol é taxativo (*numerus clausus*). Não se admite nenhuma outra, nem mesmo mediante o emprego da analogia;

d) propositura de ação ordinária. Não basta a exclusão expressa do herdeiro no testamento. É necessário, ainda, que o herdeiro instituído no lugar do deserdado, ou aquele a quem aproveite a deserdação (outros herdeiros legítimos, na ordem legal, inclusive o município, se estes não existirem), promova ação ordinária e prove, em seu curso, a veracidade da causa alegada pelo testador (CC, art. 1.965). Sem essa comprovação é ineficaz a deserdação, não ficando prejudicada a legítima do deserdado. O direito de provar a causa da deserdação por meio da referida ação extingue-se no prazo decadencial de quatro anos, a contar da data da abertura do testamento (parágrafo único). Se o interessado não a propõe, pode o próprio deserdado tomar a iniciativa e exigir, por meio de ação de obrigação de fazer, que a promova.

52 DAS CAUSAS DE DESERDAÇÃO

Os herdeiros necessários podem ser privados de sua legítima, ou deserdados, em todos os casos em que podem ser excluídos da sucessão por indignidade (CC, art. 1.961). Além das causas prescritas no art. 1.814 do Código Civil (atentado contra a vida, a honra e a liberdade de testar do *de cujus*), autorizam a deserdação as mencionadas nos arts. 1.962 e 1.963 do mesmo diploma. O primeiro dispositivo estabelece as causas que autorizam a deserdação dos descendentes por seus ascendentes, e o segundo, a dos ascendentes pelos descendentes, sendo comuns as duas primeiras.

A deserdação dos descendentes por seus ascendentes (CC, art. 1.962) pode, assim, basear-se em: **a)** ofensa física, ainda que tenha acarretado somente lesões de natureza leve e independentemente de condenação criminal (art. 935); **b)** injúria grave dirigida diretamente contra o testador. Não justifica a deserdação a que atinge somente os seus familiares. O adjetivo "grave" exige que tenha atingido seriamente a sua dignidade; c) relações ilícitas com a madrasta ou com o padrasto. Tais atos justificam a deserdação por criarem um ambiente prejudicial à paz familiar, de desrespeito e falta de pudor; d) desamparo do ascendente em alienação mental ou grave enfermidade. O desamparo pode abranger a falta de assistência material, espiritual ou moral. Não se caracteriza a primeira quando o herdeiro não tem possibilidade de fornecer os recursos necessários.

Por outro lado, a deserdação dos ascendentes pelos descendentes (CC, art. 1.963) pode também fundar-se em ofensa física e injúria grave (incisos I e II) e, ainda, em "relações ilícitas com a mulher ou companheira do filho ou a do neto, ou com o marido ou companheiro da filha ou o da neta" (inciso III) e em "desamparo do filho ou neto com deficiência mental ou grave enfermidade" (inciso IV). A diferença em relação ao inciso IV do artigo anterior é que este refere-se a "alienação mental" em vez de "deficiência mental".

O novo Código Civil excluiu do rol das causas de deserdação dos descendentes a "desonestidade da filha que vive na casa paterna", prevista no art. 1.744, III, do Código Civil de 1916 e fruto de vetusta e odiosa discriminação.

53 DOS EFEITOS DA DESERDAÇÃO

Os efeitos da deserdação são pessoais. Predomina o entendimento de que atingem somente o herdeiro excluído. Os seus descendentes herdam por direito de representação, por analogia com a regra nesse sentido aplicável aos casos de exclusão por indignidade (CC, art. 1.816). Argumenta-se que a deserdação, como pena civil, não pode ultrapassar a pessoa do delinquente.

Quadro sinótico – Da deserdação

1. Conceito	Deserdação é ato unilateral pelo qual o testador exclui da sucessão herdeiro necessário, mediante disposição testamentária motivada em uma das causas previstas em lei.
2. Requisitos de eficácia	a) existência de herdeiros necessários (art. 1.961); b) testamento válido (art. 1.964);

2. Requisitos de eficácia	c) expressa declaração de causa prevista em lei (arts. 1.962 e 1.963); d) propositura de ação ordinária.
3. Deserdação dos descendentes (art. 1.962)	a) em todos os casos em que podem ser excluídos da sucessão por indignidade: atentado contra a vida, a honra e a liberdade de testar do *de cujus*; b) ofensa física, independentemente de condenação criminal; c) injúria grave dirigida diretamente contra o testador; d) relações ilícitas com a madrasta ou com o padrasto; e) desamparo do ascendente em alienação mental ou grave enfermidade.
4. Deserdação dos ascendentes (art. 1.963)	a) em todos os casos em que podem ser excluídos da sucessão por indignidade: atentado contra a vida, a honra e a liberdade de testar do *de cujus*; b) ofensa física; c) injúria grave; d) relações ilícitas com a mulher ou companheira do filho ou do neto, ou com o marido ou companheiro da filha ou da neta; e) desamparo ao filho ou neto com deficiência mental ou grave enfermidade.
5. Efeitos	Os efeitos da deserdação são pessoais: atingem somente o herdeiro excluído. Os seus descendentes herdam por direito de representação, por analogia com a regra nesse sentido aplicável aos casos de exclusão por indignidade (CC, art. 1.816). Como pena civil, a deserdação não pode ultrapassar a pessoa do delinquente.

Capítulo XI

DA REDUÇÃO DAS DISPOSIÇÕES TESTAMENTÁRIAS

54 CONCEITO

Os herdeiros necessários não podem ser privados da legítima. Se a quota disponível deixada a terceiros ultrapassar o limite de 50%, afetando a legítima, poderão aqueles pleitear a redução das disposições testamentárias (CC, arts. 1.967 e 1.968) e das doações (art. 549). Não se anula o testamento, ou a cláusula testamentária, mas procede-se apenas a uma transferência de bens da quota disponível para a legítima. O instituto de redução das liberalidades visa, portanto, a preservar a integridade desta.

A redução pode ser efetuada nos próprios autos do inventário, se houver acordo entre os interessados. Não havendo, somente se fará dessa forma se o excesso mostrar-se evidente e a questão não for de alta indagação. Podem os herdeiros necessários, seus sucessores ou credores, ou ainda os cessionários de seus direitos, intentar ação de redução para recompor a legítima com os bens que excedem a quota disponível. Só os que ingressarem em juízo serão alcançados por seus efeitos.

Quando o excesso resulta de testamento, a referida ação só pode ser ajuizada após a abertura da sucessão. Não se pode litigar a respeito de herança de pessoa viva. Quanto às liberalidades *inter vivos*, o art. 549 do Código Civil considera nula somente a parte que exceder a de que o doador, no momento da liberalidade, poderia dispor em testamento. Como o excesso é declarado nulo, expressamente, por lei, inclina-se a doutrina pela possibilidade de a ação ser ajuizada desde logo, não sendo necessário aguardar a morte do doador. As doações feitas aos descendentes estão sujeitas à colação pelos valores que tiverem à data da liberalidade (CC, art. 2.004). Os excessos serão, então, corrigidos, igualando-se a quota dos herdeiros legitimários.

A colação, no entanto, não se confunde com a redução das doações. Esta tem por finalidade fazer com que as liberalidades se contenham dentro da metade disponível do doador, quer beneficie algum herdeiro não descendente, quer favoreça um estranho, sendo de ordem pública. A colação assenta teoricamente na vontade presumida do falecido. A inoficiosidade da doação também é aferida pelo valor dos bens apurado no momento da liberalidade (CC, art. 549).

55 DA ORDEM DAS REDUÇÕES

Opera-se a redução consoante a ordem estabelecida no art. 1.967 e parágrafos do Código Civil. Em primeiro lugar é atingido o herdeiro instituído, cujo quinhão é reduzido até obter-se a recomposição da legítima, ainda que se esgote totalmente. Haverá redução proporcional das quotas dos herdeiros instituídos, se forem vários (§ 1º). Se essa redução não bastar, passar-se-á aos legados, na proporção do seu valor, até que se complete a legítima dos herdeiros necessários. Se ainda assim tal não ocorrer, recorrer-se-á à redução das doações (art. 549), começando pelas mais novas. Se da mesma data, a redução será proporcional. Pode o testador, no entanto, prevenindo o caso, dispor de modo diferente sobre a redução, inclusive escolhendo certos quinhões e preservando outros (art. 1.967, § 2º).

Quando consistir em prédio divisível o legado sujeito à redução, far-se-á esta dividindo-o proporcionalmente (CC, art. 1.968). Se for indivisível, e o excesso do legado montar a mais de 1/4 do valor do prédio, o legatário o deixará aos herdeiros, ficando com o direito de pedir a estes, em dinheiro, o valor que couber na metade disponível. Todavia, se o excesso não for de mais de 1/4, o legatário ficará com o prédio, entregando aos herdeiros, em dinheiro, o excesso necessário para preservar a intangibilidade da legítima ou reserva.

Quadro sinótico – Da redução das disposições testamentárias

1. Conceito	Dá-se a redução das disposições testamentárias quando estas excederem a quota disponível do testador. Essa sanção consiste na prerrogativa concedida ao herdeiro, porventura prejudicado pelas excessivas liberalidades do finado, de pleitear a redução destas, a fim de não ficar lesada a quota legitimária.

2. Finalidade	O instituto da redução das liberalidades visa a preservar a integridade da legítima. Não se anula o testamento, ou a cláusula testamentária, mas procede-se apenas a uma transferência de bens da quota disponível para a legítima.
3. Ordem das reduções (art. 1.967)	– Em primeiro lugar é atingido o herdeiro instituído, cujo quinhão é reduzido até obter-se a recomposição da legítima, ainda que se esgote totalmente. – Haverá redução proporcional das quotas dos herdeiros instituídos, se forem vários (§ 1º). – Se essa redução não bastar, passar-se-á aos legados, na proporção do seu valor, até que se complete a legítima dos herdeiros necessários. – Se ainda assim tal não ocorrer, recorrer-se-á à redução das doações (art. 549), começando pelas mais novas. – Pode o testador, no entanto, prevenindo o caso, dispor de modo diferente sobre a redução, inclusive escolhendo certos quinhões e preservando outros (§ 2º).

Capítulo XII

DA REVOGAÇÃO DO TESTAMENTO

56 INTRODUÇÃO

Uma das características do testamento, proclamada no art. 1.858 do Código Civil, é ser essencialmente revogável. Pode o testador revogar o ato que contém a sua última manifestação de vontade quando lhe aprouver, sem necessidade de declinar o motivo. Nula é a cláusula pela qual o declare irrevogável, ou obrigue-se a não alterá-lo, pois a liberdade de testar é de ordem pública e não admite limitações. Há, no entanto, uma exceção: é irrevogável o testamento na parte em que o testador reconhecer filho havido fora do casamento (CC, art. 1.609, III).

Segundo dispõe o art. 1.969 do Código Civil, o testamento "pode ser revogado pelo mesmo modo e forma como pode ser feito". Não se deve entender que o segundo terá necessariamente a mesma forma do que está sendo revogado. Um testamento público tanto pode ser revogado por outro público como por um cerrado, particular, marítimo, aeronáutico ou militar, e vice-versa. O importante é que o novo testamento seja válido. Não valerá a revogação se for anulado por omissão ou infração de solenidades essenciais ou por vícios intrínsecos, como a incapacidade decorrente de alienação mental, por exemplo. Todavia, valerá se vier a caducar por exclusão, incapacidade, renúncia ou pré-morte do herdeiro nomeado ou por não ter cumprido a condição que lhe foi imposta (art. 1.971), pois o testamento caduco é originariamente válido e só não pode ser cumprido devido à falta do beneficiário ou da coisa. O testamento revogado não se restaura pelo simples fato de ter sido revogado também o que o revogou. Para que ocorra a repristinação das disposições revogadas é necessário que o novo testamento expressamente as declare restauradas.

57 ESPÉCIES DE REVOGAÇÃO

Quanto à sua extensão, a revogação pode ser total ou parcial. Total, quando retira a inteira eficácia do testamento; parcial, quando atinge somente algumas cláusulas, permanecendo incólumes as demais (CC, art. 1.970 e parágrafo único).

Quanto à forma utilizada, pode ser expressa ou tácita. Expressa é a que resulta de declaração inequívoca do testador manifestada em novo testamento. Não se admite outra forma, como escritura pública, codicilo ou outro ato autêntico, nem que seja provada por testemunhas, salvo na hipótese de ficar demonstrado o firme propósito do testador de revogar o seu testamento e o impedimento decorrente do dolo ou violência de terceiros.

A revogação pode também ser tácita: **a)** quando o testador não declara que revoga o anterior, mas há incompatibilidade entre as disposições deste e as do novo testamento. Aquelas subsistem em tudo que não for contrário às do posterior (CC, art. 1.970, parágrafo único). Já se decidiu que, decretada a separação judicial, fica sem efeito testamento pelo qual um dos cônjuges institui o outro seu herdeiro (RF, 173:243; RT, 261:204). No entanto, o Supremo Tribunal Federal, em outro caso, proclamou que o "desquite não revoga o testamento feito pelo marido à mulher, mormente se o testador, após o desquite, mantinha relação de amizade e de demonstração de estima à esposa" (RTJ, 45:469); **b)** em caso de dilaceração ou abertura do testamento cerrado, pelo testador, ou por outrem, com o seu consentimento. O art. 1.972 diz que, neste caso, "haver-se-á como revogado". Considera-se revogado tacitamente pelo testador o testamento cerrado por ele ou por outrem inutilizado, mas com o seu consentimento, ou por ele aberto, sendo apresentado em juízo com o lacre violado, bem como o não encontrado, por estar desaparecido. Entretanto, não se tem por revogado o testamento se foi aberto por terceiro em razão de mero descuido. Em princípio, estando aberto ou dilacerado o testamento cerrado, o juiz deve considerá-lo revogado, salvo se os interessados demonstrarem, de forma convincente, que a abertura ou dilaceração foi feita contra a vontade do testador, ou por terceiro, acidental ou dolosamente.

Quadro sinótico – Da revogação do testamento

<table>
<tr><td>1. Introdução</td><td colspan="3">O testamento é um ato essencialmente revogável. Pode o testador revogá-lo quando lhe aprouver, sem necessidade de declinar o motivo. Nula é a cláusula pela qual o declare irrevogável, pois a liberdade de testar é de ordem pública. Há, no entanto, uma exceção: é irrevogável o testamento na parte em que o testador reconhecer filho havido fora do casamento (CC, art. 1.609, III).</td></tr>
<tr><td>2. Forma de revogação</td><td colspan="3">O testamento pode ser revogado pelo mesmo modo e forma como pode ser feito (CC, art. 1.969). Assim, um testamento público tanto pode ser revogado por outro público como por um cerrado, particular, marítimo, aeronáutico ou militar, e vice-versa.</td></tr>
<tr><td rowspan="3">3. Espécies</td><td>Quanto à sua extensão</td><td colspan="2">a) total, quando retira a inteira eficácia do testamento;
b) parcial, quando atinge somente algumas cláusulas, permanecendo incólumes as demais (CC, art. 1.970 e parágrafo único).</td></tr>
<tr><td rowspan="2">Quanto à forma</td><td colspan="2">a) expressa: a que resulta de declaração inequívoca do testador manifestada em novo testamento;</td></tr>
<tr><td>b) tácita:</td><td>– quando o testador não declara que revoga o anterior, mas há incompatibilidade entre as disposições deste e as do novo testamento;
– em caso de dilaceração ou abertura do testamento cerrado, pelo testador, ou por outrem, com o seu consentimento (CC, art. 1.972).</td></tr>
</table>

Capítulo XIII

DO ROMPIMENTO DO TESTAMENTO

Ocorre o rompimento do testamento por determinação legal, na presunção de que o testador não teria disposto de seus bens em testamento se soubesse da existência de algum herdeiro necessário. Dispõe o art. 1.973 do Código Civil que "sobrevindo descendente sucessível ao testador, que não o tinha ou não o conhecia quando testou, rompe-se o testamento em todas as suas disposições, se esse descendente sobreviver ao testador".

A primeira hipótese é a do *de cujus* que, ao testar, não tinha nenhum descendente e posteriormente vem a tê-lo, havido do casamento ou não. Hoje, não se admite mais a antiga classificação dos filhos em legítimos e ilegítimos. Pela atual Constituição Federal (art. 227, § 6º), todos têm iguais direitos, desde que reconhecidos. O reconhecimento pode ser voluntário ou por meio da ação de investigação de paternidade (forçado ou coativo). Pelos mesmos motivos dá-se, ainda, a ruptura do testamento em caso de adoção, não mais subsistindo as dúvidas que pairavam a esse respeito antes da atual Carta Magna. Se, entretanto, o autor da herança já tinha algum descendente quando testou, não se rompe o testamento com o nascimento de outro: ambos dividirão entre si a legítima. Tal só ocorre com o surgimento de descendente, quando este não o tinha anteriormente. O art. 1.973, como visto, declara rompido o testamento quando sobrevém descendente sucessível ao testador que "não o tinha". Já proclamou o Supremo Tribunal Federal, com efeito, que "se o testador já tinha descendente, quando testou, o fato de surgir outro descendente não revoga o testamento, na melhor interpretação do art. 1.750 do Código Civil (de 1916, correspondente ao art. 1.973 do atual diploma)" (*RTJ*, 45:469).

Pode ocorrer ainda a hipótese de o testador ignorar, ao testar, a concepção e existência de um filho, ou imaginar, enganadamente, que um seu descendente houvesse morrido. A descoberta posterior acarreta o rompimento automático, *ex vi legis*, do testamento, sem necessidade de que se o revogue. Presume-se que a ciência de tais fatos o faria testar de forma diferente da que o fez.

Prescreve o art. 1.974 do estatuto civil: "Rompe-se também o testamento feito na ignorância de existirem outros herdeiros necessários". O dispositivo anterior aplica-se à hipótese de se descobrir a existência de outro herdeiro necessário, que o testador não conhecia, mas restrita a descendentes. Agora, estende-se a possibilidade de ruptura também no caso dos ascendentes e do cônjuge. Assim, por exemplo, se o filho, ao testar, ignora a existência do ascendente, que supunha estar morto, rompido estará o testamento, uma vez descoberto o erro. Segundo dispõe o art. 1.975, "não se rompe o testamento, se o testador dispuser da sua metade, não contemplando os herdeiros necessários de cuja existência saiba, ou quando os exclua dessa parte".

Quadro sinótico – Do rompimento do testamento

1. Noção	Sobrevindo descendente sucessível ao testador, que não o tinha ou não o conhecia quando testou, rompe-se o testamento em todas as suas disposições, se esse descendente sobreviver ao testador (CC, art. 1.973). Ocorre o rompimento do testamento por determinação legal, na presunção de que o testador não teria disposto de seus bens em testamento se soubesse da existência de algum herdeiro necessário.
2. Hipóteses legais	– a do *de cujus* que, ao testar, não tinha nenhum descendente e posteriormente vem a tê-lo, havido do casamento ou não; – a do *de cujus* que, ao testar, ignorava a concepção e existência de um filho, ou imaginava, enganadamente, que um seu descendente houvesse morrido; – a do *de cujus* que, ao testar, ignorava a existência de outros herdeiros necessários, tais como ascendentes e cônjuge (CC, art. 1.974).

Capítulo XIV

DO TESTAMENTEIRO

58 INTRODUÇÃO

Testamenteiro é o executor do testamento. A lei faculta ao testador encarregar pessoa de sua confiança de cumprir as disposições de sua última vontade. Pode nomear, em testamento ou codicilo (CC, art. 1.883), um ou mais testamenteiros, conjuntos ou separados (art. 1.976), aos quais incumbe "cumprir as obrigações testamentárias e prestar contas em juízo do que recebeu e despendeu, observando-se o disposto em lei" (CPC, art. 735, § 5º). Na falta de testamenteiro nomeado pelo testador, a execução testamentária compete a um dos cônjuges, e, em falta destes, ao herdeiro nomeado pelo juiz (CC, art. 1.984). Substituiu-se no texto a expressão "ao cabeça de casal", utilizada pelo Código Civil de 1916 e incompatível com a igualdade dos cônjuges no casamento, por "a um dos cônjuges". Se não houver pessoas nessas condições, a designação recairá sobre pessoa estranha à família, pois o testamento não pode permanecer sem executor.

Qualquer pessoa natural, desde que idônea e capaz, pode ser nomeada testamenteira. O encargo não pode, entretanto, ser deferido a pessoa jurídica, por ser personalíssimo. Ao dispor que a testamentaria é indelegável, o art. 1.985 do Código Civil ressalta o seu cunho *intuitu personae*. Nada impede, contudo, que o testamenteiro faça-se representar em juízo e fora dele mediante procurador com poderes especiais. É obrigado a cumprir as disposições testamentárias no prazo marcado pelo testador e a dar contas do que recebeu e despendeu, subsistindo sua responsabilidade enquanto durar a execução do testamento (art. 1.980). Não pode transigir acerca da sua validade, devendo sempre propugnar por ela. Se as disposições chocam-se com as suas convicções, deve desistir do encargo.

59 ESPÉCIES DE TESTAMENTEIRO

Quando nomeado pelo testador, o testamenteiro é instituído. O nomeado pelo juiz chama-se dativo. Estatui o art. 735, §§ 3º e 4º, do Código de Processo Civil que, se não houver testamenteiro nomeado, estiver ele ausente ou não aceitar o encargo, "o juiz nomeará testamenteiro dativo, observando-se a preferência legal". Esta é a determinada no art. 1.984 do Código Civil: a execução testamentária será deferida a um dos cônjuges, e, em falta destes, ao herdeiro ou a pessoa estranha.

Testamenteiro universal é aquele a quem se confere a posse e a administração da herança ou de parte dela (CC, art. 1.977); particular é o que não desfruta desses direitos. O testador só pode, no entanto, conferir a posse da herança ao testamenteiro se não houver cônjuge sobrevivente, descendentes e ascendentes, ou se estes não a quiserem ou não puderem exercê-la, pois cabe a eles, preferencialmente, a posse e a administração da herança (art. 1.977).

60 DA REMUNERAÇÃO DO TESTAMENTEIRO

O testamenteiro tem direito a um prêmio, que se denomina vintena, pelos serviços prestados. O seu montante é fixado livremente pelo testador. Se não o taxar, será arbitrado pelo juiz, entre os limites de 1 a 5% sobre toda a herança líquida, conforme a importância dela e a maior ou menor dificuldade na execução do testamento, salvo disposição testamentária em contrário (CC, art. 1.987), sendo deduzido da metade disponível quando houver herdeiros necessários (parágrafo único).

A testamentaria é, pois, função remunerada. Somente o herdeiro, ou legatário, a exercerá desinteressadamente, mas o testador poderá, se o desejar, fixar remuneração para o herdeiro instituído, ou legatário. O herdeiro a que se refere o art. 1.987 do Código Civil é o instituído, pois o legítimo tem direito à vintena na medida em que recebe a herança por determinação legal, não estando obrigado a exercer gratuitamente o cargo. O testamenteiro que for herdeiro ou legatário poderá preferir o prêmio à herança ou ao legado (CC, art. 1.988).

Mesmo que as dívidas absorvam todo o acervo, o testamenteiro não ficará sem remuneração, pois esta sairá do monte e será, assim, suportada pelos credores. Reverterá à herança o prêmio que o testamenteiro perder, por ser removido, ou não ter cumprido o testamento (CC, art. 1.989). A vintena é perdida em casos de: **a)** remoção, por terem sido glosadas as despesas por ilegais ou não conformes ao testamento; **b)** remoção por negligência, em razão de não ter cumprido o testamento (art. 1.989); **c)** não promoção da inscrição da hipoteca legal (art. 1.497); **d)** incapacidade superveniente, como a interdição.

O testamenteiro deve ser citado para o inventário e ouvido em todos os atos e termos do processo (CPC, art. 735, § 3º). Poderá demitir-se do cargo, alegando ao juiz causa legítima, mas não pode adquirir bens da herança, nem em hasta pública (CC, art. 497, I).

Quadro sinótico – Do testamenteiro

1. Conceito	Testamenteiro é o executor do testamento. A lei faculta ao testador encarregar pessoa de sua confiança para cumprir as disposições de sua última vontade. Pode nomear, em testamento ou codicilo (CC, art. 1.883), um ou mais testamenteiros, conjuntos ou separados (art. 1.976). Na falta de testamenteiro nomeado pelo testador, a execução testamentária compete a um dos cônjuges, e, em falta destes, ao herdeiro nomeado pelo juiz (art. 1.984).
2. Quem pode ser nomeado	Qualquer pessoa natural, desde que idônea e capaz, pode ser nomeada testamenteira. O encargo não pode, entretanto, ser deferido a pessoa jurídica, por ser personalíssimo. O art. 1.985 do CC, ao dispor que a testamentaria é indelegável, ressalta o seu cunho *intuitu personae*.
3. Espécies de testamenteiro	**a)** instituído: o nomeado pelo testador; **b)** dativo: o nomeado pelo juiz (CPC, art. 735, § 4º); **c)** universal: aquele a quem se confere a posse e a administração da herança ou parte dela (CC, art. 1.977). O testador só pode, no entanto, conferir a posse da herança ao testamenteiro se não houver cônjuge sobrevivente, descendentes e ascendentes, ou se estes não a quiserem ou não puderem exercê-la, pois cabe a eles, preferencialmente, a posse e a administração da herança (art. 1.977); **d)** particular: é o que não desfruta desses direitos.
4. Remuneração do testamenteiro	O testamenteiro tem direito a um prêmio, que se denomina vintena, pelos serviços prestados. O seu montante é fixado livremente pelo testador. Se não o taxar, será arbitrado pelo juiz, entre os limites de 1 a 5% sobre toda a herança líquida, conforme a importância dela e a maior ou menor dificuldade na execução do testamento, salvo disposição testamentária em contrário (CC, art. 1.987), sendo deduzido da metade disponível quando houver herdeiros necessários.

Título IV
DO INVENTÁRIO E DA PARTILHA

Capítulo I
DO INVENTÁRIO

61 ABERTURA E ESPÉCIES

Tendo em vista que os procedimentos do inventário e do arrolamento encontram-se disciplinados no Código de Processo Civil, o Código Civil de 2002 limitou-se a proclamar em um só artigo, no capítulo intitulado "Do Inventário": "Desde a assinatura do compromisso até a homologação da partilha, a administração da herança será exercida pelo inventariante" (art. 1.991).

Aberta a sucessão, a herança transmite-se, desde logo, aos herdeiros legítimos e testamentários (CC, art. 1.784), malgrado os bens imóveis permaneçam ainda em nome do *de cujus* no Registro de Imóveis. É necessário, então, proceder-se ao inventário, isto é, à relação, descrição e avaliação dos bens deixados, e à subsequente partilha, expedindo-se o respectivo formal. Embora os herdeiros adquiram a propriedade desde a abertura da sucessão, os seus nomes passam a figurar no Registro de Imóveis somente após o registro do formal de partilha. Tal registro é necessário para manter a continuidade exigida pela Lei dos Registros Públicos (Lei n. 6.015, de 31-12-1973, art. 195).

No inventário, apura-se o patrimônio do *de cujus*, cobram-se as dívidas ativas e pagam-se as passivas. Também avaliam-se os bens e pagam-se os legados e o imposto *causa mortis*. Após, procede-se à partilha. Dispõe o art. 610 do Código de Processo Civil: "Havendo testamento ou interessado incapaz, proceder-se-á ao inventário judicial". Aduz o § 1º: Se todos forem capazes e concordes, o inventário e a partilha poderão ser feitos por escritura pública, a qual constituirá documento hábil para qualquer ato de registro, bem como para levantamento de importância depositada em instituições financeiras". Ressalte-se o caráter facultativo do inventário administrativo. Deve ser instaurado no prazo de dois meses, a contar do falecimento do *de cujus*, e estar encerrado dentro dos doze meses subsequentes (CPC, art. 611).

Se houver retardamento, por motivo justo, o juiz poderá dilatar o aludido prazo. O inventariante somente será punido pelo atraso, com a remoção do cargo, a pedido de algum interessado (não há remoção de ofício) e se demonstrada a sua culpa. Nesse caso, se for testamenteiro, perderá o prêmio (CC, art. 1.989). Se nenhuma das pessoas legitimadas (CPC, art. 616) requerer a abertura do inventário no prazo de sessenta dias, o juiz determinará, de ofício, que se inicie. Cada Estado pode instituir multa, como sanção pela não observância desse prazo (STF, Súmula 542). No Estado de São Paulo, o imposto é calculado com acréscimo da multa de 10%, nos inventários não requeridos dentro do prazo de sessenta dias da abertura da sucessão, e de 20%, se o atraso for superior a cento e oitenta dias (Lei n. 10.705, de 28-12-2000). O atraso não implica indeferimento de sua abertura pelo juiz.

Ante a inequívoca redação do art. 610 do Código de Processo Civil, sempre que as partes, maiores e capazes, estando concordes com a partilha, procurarem a via administrativa, a escritura pública lavrada pelo notário, de partilha amigável, valerá, por si, como título hábil para o registro imobiliário, dispensando a exigência de homologação judicial.

O inventário constitui processo judicial de caráter contencioso e deve ser instaurado no último domicílio do autor da herança (CPC, art. 48). É obrigatório somente se houver testamento ou interessado incapaz, ou, sendo todos capazes, não forem concordes. Se o falecido deixou um único herdeiro, não se procede à partilha, mas apenas à adjudicação dos bens a este.

Além do inventário tradicional e solene, de aplicação residual e regulado nos arts. 610 a 658 do estatuto processual, há hoje, ainda: **a)** o arrolamento sumário, abrangendo bens de qualquer valor, para a hipótese de todos os interessados serem capazes e concordarem com a partilha, que será homologada de plano pelo juiz mediante a prova de quitação dos tributos, na forma do art. 659, aplicável também ao pedido de adjudicação quando houver herdeiro único; e **b)** o arrolamento comum, para quando os bens do espólio sejam de valor igual ou inferior a 1.000 (mil) salários mínimos (art. 664) (*v.* n. 65, *infra*). Prevê ainda o aludido estatuto, no art. 610, §§ 1º e 2º, o inventário extrajudicial ou administrativo.

O procedimento judicial de arrolamento sumário fica reservado aos casos em que o falecido deixou testamento, ou em que, mesmo não havendo manifestação de última vontade, as partes preferirem essa via, em face do caráter opcional da celebração de inventário por escritura pública.

Para o levantamento de pequenas quantias deixadas pelo falecido, como saldos bancários, outorga de escrituras relativas a imóveis vendidos em vida pelo *de cujus* etc., pode ser requerido alvará judicial. Os depósitos derivados do FGTS e do PIS-PASEP não recebidos em vida pelos seus respectivos titulares, cadernetas de poupança, restituição de tributos, saldos bancários e investimentos de pequeno valor poderão ser levantados administrativamente pelos dependentes do falecido, desde que não haja outros bens sujeitos a inventário (Lei n. 6.858, de 24-11-1980). No entanto, se o falecido não deixou dependentes habilitados perante a Previdência Social, o levantamento daqueles depósitos caberá aos sucessores, mediante a expedição de alvará judicial.

A escritura pública, mencionada no art. 610 e parágrafos do CPC, tem eficácia idêntica à do alvará judicial, impondo às instituições financeiras e a outros órgãos, públicos e privados, o respeito ao que nela estiver contido.

Falecendo o cônjuge meeiro supérstite antes da partilha dos bens do premorto, as duas heranças serão cumulativamente inventariadas e partilhadas se os herdeiros de ambos forem os mesmos (CPC, art. 672).

O inventário negativo não é previsto na legislação pátria. Entretanto, tem sido admitido pelos juízes quando o cônjuge supérstite pretende casar-se novamente e deseja provar que o *de cujus* não deixou bens a partilhar. O objetivo é evitar a incidência da causa suspensiva prevista no art. 1.523, I, do Código Civil, que exige inventário e partilha dos bens aos herdeiros, a cargo do viúvo, ou viúva, que pretender casar-se novamente, sob pena de tornar-se obrigatório o regime da separação de bens.

O pedido será instruído com certidões negativas em nome do falecido, ouvindo-se a Fazenda Pública e, eventualmente, o Ministério Público. Não havendo impugnação, o inventário será julgado por sentença. Admite-se também inventário negativo pelo procedimento extrajudicial (escritura pública), previsto nos parágrafos do art. 610 do estatuto processual.

A quem estiver na posse e administração do espólio incumbe prioritariamente, no prazo de dois meses, requerer o inventário e a partilha (CPC, arts. 611 e 615). Os arts. 613 e 614 referem-se ao administrador provisório como o encarregado da herança até que haja a nomeação do inventariante, que passará então a representar a massa hereditária (CPC, art. 75, VII). Antes da abertura do inventário e até a nomeação do inventariante cabe ao administrador provisório a representação ativa e passiva do espólio. A provisoriedade e a urgência caracterizam e legitimam o encargo de administrador provisório (*RJTJSP*, 113:214). Têm, contudo, legitimidade concorrente para requerer o inventário, nos termos do art. 616 do estatuto processual, o cônjuge supérstite, o herdeiro, o legatário, o testamenteiro, o cessionário do herdeiro ou do legatário, o credor destes ou do autor da herança, o síndico da falência (do herdeiro ou do legatário, bem como do autor da herança ou do cônjuge supérstite), o Ministério Público (havendo incapazes) e a Fazenda Pública (quando tiver interesse).

O juiz decidirá todas as questões de direito e também as questões de fato, quando se acharem provadas por documento, só remetendo para os meios ordinários as que demandarem alta indagação ou dependerem de outras provas (CPC, art. 612). Por mais complexas que sejam as questões de direito, devem ser resolvidas de plano, no próprio inventário. Assim também as de fato, quando instruídas por documentos inequívocos. Por conseguinte, só devem ser remetidas para as vias ordinárias as questões de alta indagação sobre matéria de fato que não esteja provada documentalmente e que depender de inquirição de testemunhas, perícias e depoimentos pessoais, provas estas inadmissíveis em processo de inventário. Por essa razão, em regra não se discutem no inventário questões relativas à validade do casamento e ao reconhecimento de filiação decorrente de relações extraconjugais. No entanto, admitiu o Superior Tribunal de Justiça a possibilidade de se reconhecer a paternidade e a união estável nos mesmos autos do inventário, nestes termos: "Desde que documentalmente comprovados os fatos no curso do inventário, sem necessidade de procurar provas fora do processo e além dos documentos que o instruem, nesse feito é que devem ser dirimidas as questões levantadas pelas autoras, no tocante às condições de filha e herdeira e à condição de companheira do *de cujus*, prestigiando-se o princípio da instrumentalidade, desdenhando-se as vias ordinárias" (STJ, 4ª T., REsp 57.505-MG, rel. Min. Cesar Asfor Rocha, j. 19-3-1996, *Bol. AASP* 1998, n. 6).

62 DO INVENTARIANTE

62.1. NOMEAÇÃO

O inventariante, até que se ultime a partilha, é o representante e o administrador do espólio, sendo nomeado pelo juiz segundo a ordem preferencial estabelecida no art. 617 do Código de Processo Civil. Essa ordem não é absoluta, podendo ser alterada se houver motivos que aconselhem a sua inobservância (*RTJ*, 101:667). Herdeiro menor não pode ser inventariante (*RT*, 490:102). Eventualmente, à falta de outros interessados na herança, pode ser investido no cargo, como dativo, o representante legal do incapaz.

Em primeiro lugar, na aludida ordem, figura o cônjuge sobrevivente ou companheiro, desde que estivesse convivendo com o outro ao tempo da morte deste. Como o inciso I do art. 617 do estatuto processual civil não mais exige que o cônjuge seja casado sob o regime da comunhão, admite-se a preferência do cônjuge supérstite ainda que a união tenha se realizado no regime da separação convencional de bens, em que não existe meação, uma vez que poderá ele ser herdeiro em concorrência com os descendentes, como prevê o art. 1.829, I, do Código Civil.

Se não houver cônjuge, mas companheiro, este desfrutará da mesma preferência, não só em face da Constituição Federal (art. 226, § 3º), dos direitos sucessórios a ele reconhecidos (CC, art. 1.790) e da circunstância de figurar na ordem preferencial estabelecida para a nomeação de inventariante provisório (CC, art. 1.797, I), senão especialmente em razão da redação dada ao inciso I do art. 617 do Código de Processo Civil, que o incluiu expressamente no aludido rol preferencial.

Na falta ou impedimento do cônjuge supérstite, será nomeado o herdeiro que se achar na posse e administração dos bens da herança (CPC, art. 617, II). Se nenhum preencher esse requisito, atribuir-se-á a inventariança a qualquer herdeiro (inciso III), legítimo ou testamentário, a critério do juiz. Em quarto lugar figura o herdeiro menor, por seu representante legal. Em quinto, o testamenteiro, se lhe foram atribuídas a posse e a administração dos bens, nos termos do art. 1.977 do Código Civil (testamenteiro universal), bem como se toda a herança estiver distribuída em legados. Relembre-se que a posse e a administração da herança cabem preferencialmente ao cônjuge ou companheiro e aos herdeiros necessários. Só podem ser conferidas ao testamenteiro, pelo testador, se aqueles não existirem, não quiserem ou não puderem exercê-las. O testamenteiro só prefere aos colaterais. Vem, em seguida (CPC, art. 617, VI), o cessionário do herdeiro ou do legatório. E, logo após, o inventariante judicial, que é figura em desuso, porém ainda existente no Estado do Rio de Janeiro. Não o havendo, o juiz nomeará (inciso VIII) pessoa estranha idônea (inventariante dativo), que desempenhará todas as funções inerentes à inventariança, mas não poderá representar ativa e passivamente a herança. Dispõe, com efeito, o art. 75, § 1º, do estatuto processual civil que, nesse caso, todos os herdeiros e sucessores do falecido participarão, como autores ou réus, nas ações em que o espólio for parte. O inventariante dativo faz jus a uma remuneração pelos serviços prestados, que será arbitrada, por analogia, de acordo com a regra do art. 1.987 do Código Civil, que trata da vintena do testamenteiro. Se o inventário for conjunto, haverá um só inventariante para os dois inventários (CPC, art. 672).

Certas situações incompatibilizam a pessoa para o exercício do cargo, como a posição de credor ou de devedor do espólio, de titular de interesse contrário a este, de excluído do rol de herdeiros etc. O cessionário de direitos só pode ser inventariante na falta de herdeiros. Intimado da escolha, o nomeado prestará, dentro de cinco dias, o compromisso de bem e fielmente desempenhar o cargo (art. 617, parágrafo único).

62.2. REMOÇÃO

O inventariante poderá ser removido, de ofício ou a requerimento de qualquer interessado: **a)** se não prestar, no prazo legal, as primeiras ou as últimas declarações; **b)** se não der ao inventário andamento regular, se suscitar dúvidas infundadas ou se praticar atos meramente protelatórios; **c)** se, por culpa sua, bens do espólio se deteriorarem, forem dilapidados ou sofrerem dano bens do espólio; **d)** se não defender o espólio nas ações em que for citado, se deixar de cobrar dívidas ativas ou se não promover as medidas necessárias para evitar o perecimento de direitos; **e)** se não prestar contas ou se as que prestar não forem julgadas boas; **f)** se sonegar, ocultar ou desviar bens do espólio (CPC, art. 622). A enumeração é meramente exemplificativa, podendo ser removido por outras causas ou faltas que o incompatibilizem com o exercício do cargo.

Admite-se que a remoção seja determinada de ofício pelo juiz ou a pedido de qualquer interessado. Nesses casos, deverá ser intimado para, no prazo de cinco dias, defender-se e produzir provas (CPC, art. 623), correndo o incidente em apenso aos autos do inventário. Se o juiz remover o inventariante, nomeará outro, observada a ordem do art. 617.

63 DO PROCESSAMENTO

O requerimento de abertura do inventário será instruído obrigatoriamente com certidão de óbito do *de cujus* e com a procuração outorgada ao advogado que assinar a petição. Ao despachá-la, o juiz nomeará o inventariante, que prestará o compromisso e, em vinte dias, as primeiras declarações. Reduzidas a termo as primeiras declarações, com observância do disposto no art. 620, serão citados os interessados: cônjuge, herdeiros, legatários, Fazenda Pública, Ministério Público (se houver herdeiro incapaz ou ausente) e testamenteiro (se o falecido tiver deixado testamento). Serão citados por mandado somente os residentes na comarca por onde corre o inventário, e por edital, com o prazo de vinte a sessenta dias, os residentes fora dela, no Brasil e no estrangeiro (art. 626, § 1º). Terão eles quinze dias para se manifestarem sobre as declarações, podendo nessa oportunidade: **a)** arguir erros, omissões e sonegações de bens; **b)** reclamar contra a nomeação do inventariante; **c)** contestar a qualidade de quem foi incluído no título de herdeiro (art. 627).

Será dispensada a citação se os referidos interessados já estiverem representados nos autos. Não tendo impugnado, nessa oportunidade, a qualidade de herdeiro, não mais poderão fazê-lo os interessados. Se impugnarem, poderá o juiz decidir de plano a impugnação, caso encontre elementos no próprio inventário. Verificando, porém, tratar-se de matéria de alta indagação, remeterá as partes para os meios ordinários, reservando, em poder do inventariante, o quinhão do herdeiro cuja qualidade foi impugnada, até o julgamento da ação (CPC, art. 627, § 3º).

Decididas as questões suscitadas nessa primeira fase, segue-se a avaliação dos bens inventariados (CPC, art. 630), que servirá de base de cálculo do imposto de transmissão *causa mortis* e da partilha. É dispensável, do ponto de vista fiscal, quando já houver prova do valor dos bens cadastrados pelo Poder Público municipal para fins de cobrança do IPTU (valor venal) ou pelo INCRA (imóveis rurais), bem como se os herdeiros forem capazes e a Fazenda Pública concordar com o valor atribuído nas primeiras declarações. Para fins de partilha, recomenda-se a avaliação dos bens se houver menor ou incapaz dentre os herdeiros.

Aceito o laudo, ou resolvidas as impugnações suscitadas a seu respeito, lavrar-se-á em seguida o termo de últimas declarações, no qual o inventariante poderá emendar, aditar ou complementar as primeiras (CPC, art. 636). É a oportunidade para a descrição de bens que foram esquecidos. As partes serão ouvidas, podendo arguir a sonegação de bens, pelo inventariante, somente após a declaração por ele feita de não existirem outros bens por inventariar (art. 621), ou por algum herdeiro, depois de declarar que não os possui (CC, art. 1.996). Após, proceder-se-á ao cálculo do imposto, sobre o qual serão ouvidas todas as partes (inclusive o representante do Ministério Público, se houver interesse de menores ou incapazes) e a Fazenda Pública. Homologado por sentença, são expedidas guias para o pagamento, encerrando-se o inventário.

Preceitua o art. 633 do Código de Processo Civil que, "sendo capazes todas as partes, não se procederá à avaliação se a Fazenda Pública, intimada pessoalmente, concordar de forma expressa com o valor atribuído, nas primeiras declarações, aos bens do espólio".

Passa-se, em seguida, à fase da partilha. O juiz facultará às partes a formulação, no prazo de dez dias, de pedido de quinhão e, após, proferirá o despacho de deliberação da partilha, que é irrecorrível, resolvendo as solicitações e designando os bens que devam constituir o quinhão de cada herdeiro e legatário (CPC, art. 647). O partidor organizará o esboço de acordo com a decisão do juiz. Contra a sentença que julga a partilha cabe recurso de apelação. Nada obsta que os interessados, sendo capazes, façam "partilha amigável, por escritura pública, termo nos autos do inventário, ou escrito particular, homologado pelo juiz" (CC, art. 2.015).

64 DO ARROLAMENTO SUMÁRIO

Trata-se de forma simplificada de inventário-partilha, permitida quando todos os herdeiros são capazes e convierem em fazer partilha amigável dos bens deixados pelo falecido, qualquer que seja o seu valor (CPC, art. 659). Os interessados, escolhendo essa espécie de procedimento, apresentarão a partilha amigável, por escritura pública, termo nos autos do inventário, ou escrito particular (CC, art. 2.015), que será simplesmente homologada, de plano, pelo juiz, provada a quitação dos impostos.

Como já dito, o procedimento será obrigatoriamente judicial se o *de cujus* deixou testamento. Somente neste caso a partilha amigável, celebrada entre partes capazes, nos termos do art. 2.015 do Código Civil, será homologada pelo juiz. Sempre que os herdeiros maiores concordarem com a partilha amigável e buscarem a via administrativa, a escritura pública de partilha valerá por si, como título hábil para o registro imobiliário (CPC, art. 610, § 1º).

Na petição, deverão requerer a nomeação do inventariante por eles próprios indicado e apresentar o rol dos herdeiros e a relação de bens, atribuindo-lhes o valor, para fins de partilha (CPC, art. 660). O arrolamento sumário não poderá ser utilizado se houver herdeiro ausente que deva ser citado ou incapazes. Além da partilha, a inicial deve estar instruída com a certidão de óbito e com certidões negativas dos tributos relativos aos bens do espólio. Para fins fiscais, toma-se por base o valor atribuído aos bens pelos interessados. Não se apreciam questões relativas ao imposto *causa mortis*, ressalvado ao fisco o direito de cobrar administrativamente eventuais diferenças. Dispensa-se por isso a citação da Fazenda, que deverá, no entanto, ser cientificada da sentença homologatória.

Não se procede à avaliação dos bens do espólio (CPC, art. 661). A estimativa feita pelo inventariante, no caso dos imóveis, não pode ser, entretanto, inferior à dos lançamentos fiscais relativos ao ano do óbito do *de cujus*. O art. 663 exige, porém, a avaliação, se houver credores do espólio com direito a reserva de bens suficientes para o pagamento da dívida e estes impugnarem a estimativa. Nesse caso, a reserva não será feita pelo valor estimado pelos interessados, mas pelo da avaliação. A partilha é homologada de plano pelo juiz, mediante prova da quitação dos impostos. Será dispensada e substituída pela adjudicação se houver um único herdeiro. Decorrido o prazo para recurso, é expedido o formal de partilha ou a carta de adjudicação.

65 DO ARROLAMENTO COMUM

O arrolamento será comum quando o valor dos bens não exceder a 1.000 (mil) salários mínimos (CPC, art. 664).

O inventariante nomeado apresentará as suas declarações independentemente da assinatura de termo de compromisso, com a estimativa do valor dos bens do espólio e o plano de partilha. Serão citados os herdeiros não representados. Se o valor atribuído aos bens for impugnado, far-se-á a avaliação. Apresentado o laudo, em dez dias, pelo avaliador nomeado, o juiz deliberará sobre a partilha, decidindo de plano todas as reclamações e mandando pagar as dívidas não impugnadas (CPC, art. 664, § 2º). Aplica-se, no que couber, o disposto no art. 662, que não permite discussões sobre o imposto *causa mortis* devido, ressalvando à Fazenda a cobrança, via administrativa, de eventual diferença. Provada a quitação dos tributos relativos aos bens do espólio e às suas rendas, o juiz julgará a partilha (art. 663). Após o julgamento será recolhido o imposto *causa mortis*, expedindo-se o competente formal ou carta de adjudicação.

66 DO INVENTÁRIO ADMINISTRATIVO

Visando a racionalizar os procedimentos e simplificar a vida dos cidadãos, bem como desafogar o Poder Judiciário, a Lei n. 11.441, de 4 de janeiro de 2007, oferece à coletividade outro procedimento, além do judicial, possibilitando a realização de inventário e partilha amigável por escritura pública, quando todos os interessados sejam capazes e não haja testamento.

O inventário deixou de ser procedimento exclusivamente judicial. Embora a partilha, uma das etapas do inventário, já pudesse ser efetuada pela via administrativa, mediante escritura pública, os seus efeitos ficavam condicionados à homologação judicial.

A citada inovação, referendada pelo Código de Processo Civil (art. 610, §§ 1º e 2º), permite a realização de inventário e partilha mediante escritura pública lavrada pelo notário, independentemente de homologação judicial, quando todos os interessados forem capazes e não houver testamento. Não segue, pois, os princípios do direito processual civil, mas do procedimento notarial, extrajudicial. Efetivou-se com a alteração do art. 982 do Código de Processo Civil de 1973, atual art. 610, §§ 1º e 2º, que tem a seguinte redação:

"Art. 610. Havendo testamento ou interessado incapaz, proceder-se-á ao inventário judicial.

§ 1º Se todos forem capazes e concordes, o inventário e a partilha poderão ser feitos por escritura pública, a qual constituirá documento hábil para qualquer ato de registro, bem como para levantamento de importância depositada em instituições financeiras.

§ 2º O tabelião somente lavrará a escritura se todas as partes interessadas estiverem assistidas por advogado ou por defensor público, cuja qualificação e assinatura constarão do ato notarial".

Quadro sinótico – Do inventário

1. Conceito	O inventário é o processo judicial destinado a relacionar, descrever, avaliar e liquidar todos os bens pertencentes ao *de cujus* ao tempo de sua morte, para distribuí-los entre os seus sucessores. Nele apura-se o patrimônio do *de cujus*, cobram-se as dívidas ativas e pagam-se as passivas. Também avaliam-se os bens e pagam-se os legados e o imposto *causa mortis*. Após, procede-se à partilha.
2. Abertura	Deve ser requerida a abertura do inventário no prazo de sessenta dias, a contar do falecimento do *de cujus*, e estar encerrado dentro dos doze meses subsequentes (CPC, art. 611). Se houver retardamento, por motivo justo, o juiz poderá dilatar o aludido prazo.

3. Espécies		a) inventário tradicional e solene, de aplicação residual e regulado no art. 610 do CPC; b) arrolamento sumário, abrangendo bens de qualquer valor, para a hipótese de todos os interessados serem capazes e concordarem com a partilha; c) arrolamento comum, para quando os bens do espólio sejam de valor igual ou inferior a 1.000 (mil) salários mínimos.
4. Inventariante	Nomeação	O inventariante é nomeado pelo juiz segundo a ordem preferencial estabelecida no art. 617 do CPC. Essa ordem não é absoluta, podendo ser alterada se houver motivos que aconselhem a sua inobservância.
	Função	Administrar e representar ativa e passivamente a herança (CPC, art. 618, I e II) até a homologação da partilha.
	Remoção (CPC, art. 622)	a) se não prestar, no prazo legal, as primeiras e as últimas declarações; b) se não der ao inventário andamento regular, suscitando dúvidas infundadas ou praticando atos meramente protelatórios; c) se, por culpa sua, se deteriorarem, forem dilapidados ou sofrerem dano bens do espólio; d) se não defender o espólio nas ações em que for citado, deixar de cobrar dívidas ativas ou não promover as medidas necessárias para evitar o perecimento de direitos; e) se não prestar contas ou as que prestar não forem julgadas boas; f) se sonegar, ocultar ou desviar bens do espólio; g) se cometer outras faltas que o incompatibilizem com o exercício do cargo.
5. Processamento do inventário		– Ao despachar a petição inicial, o juiz nomeará o inventariante, que prestará o compromisso e, em vinte dias, as primeiras declarações. – Serão citados os interessados: cônjuge, herdeiros, legatários, Fazenda Pública, Ministério Público (se houver herdeiro incapaz ou ausente) e testamenteiro (se o falecido tiver deixado testamento). – Decididas as questões suscitadas nessa primeira fase, segue-se a avaliação dos bens inventariados (CPC, art. 630), que servirá de base de cálculo do imposto de transmissão *causa mortis* e da partilha. – Resolvidas eventuais impugnações, lavrar-se-á em seguida o termo de últimas declarações (CPC, art. 636). – Passa-se, em seguida, à fase da partilha. O juiz facultará às partes a formulação, no prazo de dez dias, de pedido de quinhão e, após, proferirá o despacho de deliberação da partilha, que é irrecorrível (CPC, art. 647). – O partidor organizará o esboço de acordo com a decisão do juiz. Contra a sentença que julga a partilha cabe recurso de apelação.

6. Arrolamento sumário	Trata-se de forma simplificada de inventário-partilha, permitida quando todos os herdeiros forem capazes e convierem em fazer partilha amigável dos bens deixados pelo falecido, qualquer que seja o seu valor (CPC, art. 659). Os interessados, escolhendo essa espécie de procedimento, apresentarão a partilha amigável, por escritura pública, termo nos autos do inventário, ou escrito particular (CC, art. 2.015), que será simplesmente homologada, de plano, pelo juiz, provada a quitação dos impostos.
7. Arrolamento comum	É o procedimento indicado quando o valor dos bens não exceder a 1.000 (mil) salários mínimos (CPC, art. 664). O inventariante nomeado apresentará as suas declarações, com a estimativa do valor dos bens do espólio e o plano de partilha. Serão citados os herdeiros não representados. Se o valor atribuído aos bens for impugnado, far-se-á a avaliação. Apresentado o laudo, em dez dias, pelo avaliador nomeado, o juiz deliberará sobre a partilha, decidindo de plano todas as reclamações e mandando pagar as dívidas não impugnadas (CPC, art. 664, § 2º). Provada a quitação dos tributos relativos aos bens do espólio e às suas rendas, o juiz julgará a partilha. Após o julgamento será recolhido o imposto *causa mortis*, expedindo-se o competente formal ou carta de adjudicação.
8. Inventário administrativo	O art. 610 e parágrafos do CPC permitem que o testamento seja feito por escritura pública, “se todos forem capazes e concordes”.

Capítulo II

DOS SONEGADOS

Sonegar é ocultar bens que devem ser inventariados ou levados à colação. Constitui infração que pode ser praticada pelo inventariante, quando omite, intencionalmente, bens ou valores, ao prestar as primeiras e as últimas declarações, afirmando não existirem outros por inventariar, ou pelo herdeiro que não indica bens em seu poder, ou sabidamente de terceiros, ou ainda omite os doados pelo *de cujus* e sujeitos à colação (CC, art. 1.992).

Só se pode arguir de sonegação o inventariante depois de encerrada a descrição dos bens, com a declaração, por ele feita, de não existirem outros por inventariar e partir (CC, art. 1.996, 1ª parte; CPC, art. 621). É comum o inventariante, nessa ocasião, protestar pela apresentação de outros bens que venham a aparecer para não ser acoimado de sonegador. Cabe ao interessado, então, interpelá-lo para que os apresente, apontando-os. Havendo recusa ou omissão, caracteriza-se a intenção maliciosa e punível. Ao herdeiro, contudo, a lei não fixa prazo para declarar se sabe ou não da existência de outros bens. Pode caracterizar-se a má-fé, portanto, ao falar sobre as primeiras declarações, ao concordar com o esboço de partilha em que não figuram bens que deveria ter trazido à colação ou ao praticar qualquer ato que revele o propósito incontestável de ocultar, em benefício próprio, bens do espólio. Se estiver na posse da coisa, ou esta estiver com outra pessoa, mas com ciência sua, a ação será precedida de interpelação para que a apresente.

A pena de sonegados tem caráter civil e consiste, para o herdeiro, na perda do direito sobre o bem sonegado (CC, art. 1.992), que é devolvido ao monte e partilhado aos outros herdeiros, como se o sonegador nunca tivesse existido. Se tal bem não mais se encontrar em seu patrimônio, será responsável pelo seu valor, mais as perdas e danos (art. 1.995). Quando o sonegador for inventariante, a pena de sonegados limitar-se-á à remoção da inventariança, se não for herdeiro nem meeiro. Se o for, perderá também o direito ao bem sonegado, como se infere da combinação dos arts. 1.992 e 1.993 do Código Civil. Há uma corrente, no entanto, que sustenta não se aplicar ao cônjuge meeiro que exerce a inventariança a pena de perda de direitos ao bem sonegado. O testamenteiro está sujeito, igualmente, à pena de perda da inventariança (CC, art. 1.993).

Sonegar é o mesmo que ocultar, como já dissemos, além de desviar, omitir. Tais expressões pressupõem a existência do dolo. Em princípio, pois, não oculta, não sonega, quem não descreve no inventário determinado bem por esquecimento ou simples omissão decorrente de erro ou ignorância. Todavia, se o inventariante declara, peremptoriamente, após as últimas declarações, inexistirem outros bens a inventariar, incumbe-lhe o ônus de demonstrar, na ação de sonegados, que a omissão não ocorreu com dolo, máxime se já fora ventilada incidentalmente no inventário e não suprida. A incorreta declaração feita pelo inventariante, ao encerrar as últimas declarações, de inexistirem outros bens, presume ter havido malícia e, por conseguinte, a sonegação. Contudo, trata-se de presunção vencível, *juris tantum*, competindo-lhe provar que não houve dolo de sua parte.

Preceitua o art. 1.994 do Código Civil que “a pena de sonegados só se pode requerer e impor em ação movida pelos herdeiros ou pelos credores da herança”. Acrescenta o parágrafo único que “a sentença que se proferir na ação de sonegados, movida por qualquer dos herdeiros ou credores, aproveita aos demais interessados”. A simples destituição do inventariante pode ser decretada nos próprios autos, se neles houver elementos comprobatórios da sonegação. Igualmente a perda da vintena pelo testamenteiro inventariante. No entanto, a perda do direito aos bens pelo herdeiro ou inventariante-meeiro acusados de sonegação só pode ser decretada por sentença proferida em ação ordinária, por se tratar de questão de alta indagação. A ação de sonegados prescreve em dez anos e deve ser ajuizada no foro do inventário, estando legitimados ativamente os herdeiros legítimos ou testamentários e os credores. A Fazenda Pública pode cobrar os seus direitos fiscais sobre os bens sonegados.

Quadro sinótico – Dos sonegados

1. Conceito de sonegação	Sonegação é a ocultação dos bens que devem ser inventariados ou levados à colação.
2. Casos de sonegação	Sonegação constitui infração que pode ser praticada pelo inventariante, quando omite, intencionalmente, bens ou valores, ao prestar as primeiras e as últimas declarações, afirmando não existirem outros por inventariar, ou pelo herdeiro que não indica bens em seu poder, ou sabidamente de terceiros, ou ainda omite os doados pelo *de cujus* e sujeitos à colação (CC, art. 1.992), ou ainda pelo testamenteiro, se sonegar bens ao inventário.
3. Pena de sonegados	A pena de sonegados tem caráter civil e consiste: **a)** para o herdeiro, na perda do direito sobre o bem sonegado (CC, art. 1.992). Se tal bem não mais se encontrar em seu patrimônio, será responsável pelo seu valor, mais as perdas e danos (art. 1.995); **b)** para o inventariante, apenas na remoção da inventariança, se não for herdeiro nem meeiro. Se o for, perderá também o direito ao bem sonegado (arts. 1.992 e 1.993); **c)** para o testamenteiro, na perda da inventariança (CC, art. 1.993).
4. Ação de sonegados	A ação de sonegados prescreve em dez anos e deve ser ajuizada no foro do inventário, estando legitimados ativamente os herdeiros legítimos ou testamentários e os credores. A Fazenda Pública pode cobrar os seus direitos fiscais sobre os bens sonegados.

Capítulo III

DO PAGAMENTO DAS DÍVIDAS

Os créditos do espólio devem ser cobrados pelos meios regulares para serem partilhados entre os sucessores. Quanto às dívidas do falecido, por elas responde a herança, mas, feita a partilha, só respondem os herdeiros, cada qual em proporção da parte que naquela lhe coube (CC, art. 1.997). Constituem encargos da herança: **a)** despesas funerárias (art. 1.998); **b)** vintena do testamenteiro; **c)** dívidas do falecido; **d)** cumprimento dos legados.

Só serão partilhados os bens ou valores que restarem depois de pagas as dívidas, isto é, depois de descontado o que, de fato, pertence a outrem. Se estas ultrapassarem as forças da herança, os herdeiros não responderão pelo excesso, pois toda aceitação é feita em benefício do inventário (CC, art. 1.792). Os legados, porém, podem ser atingidos e absorvidos pelo pagamento das dívidas quando o monte não for suficiente para liquidar o passivo. Se, mesmo assim, permanecer o excesso, o inventariante requererá a declaração de insolvência do espólio (CPC, art. 618, VIII). Sendo este dividido em legados, faz-se o rateio entre os legatários, na proporção dos benefícios.

A cobrança das dívidas faz-se, em regra, pela habilitação do credor no inventário, nos termos do art. 642 e parágrafos do Código de Processo Civil, devendo ser requerida antes da liquidação, para possibilitar, se aceita, a inclusão do crédito no passivo do espólio, deduzindo-se-lhe o valor no cálculo do imposto. A Fazenda Pública não se habilita, porque a partilha não pode ser homologada sem prova da quitação tributária de todos os bens do espólio e de suas rendas, sendo requisitada a prova da quitação junto à Receita Federal (CTN, art. 192). Pode o credor, todavia, optar pela ação de cobrança ou pela execução contra devedor solvente, se munido de título hábil, requerendo, nesse caso, a penhora no rosto dos autos do inventário.

Não sendo impugnada a habilitação de dívida vencida e exigível, o juiz declarará habilitado o credor e mandará que se faça a separação de dinheiro ou, na sua falta, de bens suficientes para seu pagamento. Se houver separação de bens, o juiz mandará aliená-los em hasta pública se o credor não preferir que lhe sejam adjudicados. A adjudicação, no entanto, depende da concordância de todas as partes (CPC, art. 642 e § 2º). Havendo impugnação, as partes serão remetidas às vias ordinárias. Nesse caso, o juiz mandará, porém, reservar em poder do inventariante bens suficientes para pagar o credor, quando a dívida constar de documento que comprove suficientemente a obrigação e a impugnação não se fundar em quitação (parágrafo único do art. 643). Separação de bens não se confunde, pois, com reserva. Esta ocorre quando a dívida é impugnada, e aquela quando não o é.

Mesmo a dívida não vencida pode ser cobrada no inventário, se líquida e certa. Concordando as partes com o pedido, o juiz, ao julgar habilitado o crédito, mandará que se faça separação de bens para o futuro pagamento (CPC, art. 644). O art. 2.000 do Código Civil estabelece preferência em favor do credor do *de cujus* sobre o credor do herdeiro, que tem direito apenas ao que sobejar. O legatário será parte legítima para manifestar-se sobre as dívidas do espólio: **a)** quando toda a herança for dividida em legados; **b)** quando o reconhecimento das dívidas importar redução dos legados (CPC, art. 645).

Efetivada a partilha, os credores cobrarão os seus créditos não mais do espólio, mas dos herdeiros, na proporção da parte que lhes couber na herança. Entre eles não há solidariedade. No entanto, se a dívida for indivisível, o que pagar tem direito regressivo contra os outros, dividindo-se a parte do coerdeiro insolvente entre os demais (CC, art. 1.999). Ocorrerá o mesmo com o herdeiro a quem couber um imóvel hipotecado, sem dedução do valor do encargo, e que tiver pago o débito. Se em virtude de evicção um dos herdeiros vier a perder bens que lhe haviam sido adjudicados na divisão, os demais o indenizarão, na proporção de suas quotas, por força do art. 2.024, tomando como base para cálculo da indenização o valor do bem ao tempo da partilha, para que seja mantida a igualdade determinada no art. 2.017, salvo convenção em contrário entre os herdeiros, ou se a evicção decorrer de culpa do evicto ou de fato posterior à partilha (art. 2.025).

Quadro sinótico – Do pagamento das dívidas

1. Responsabilidade pelo pagamento	Pelas dívidas do falecido responde a herança, mas, feita a partilha, só respondem os herdeiros, cada qual em proporção da parte que naquela lhe cabe (CC, art. 1.997). Constituem encargos da herança: **a)** despesas funerárias (art. 1.998); **b)** vintena do testamenteiro; **c)** dívidas do falecido; **d)** cumprimento dos legados.
2. Responsabilidade pelo excesso	Se as dívidas ultrapassarem as forças da herança, os herdeiros não responderão pelo excesso, pois toda aceitação é feita em benefício do inventário (CC, art. 1.792). Os legados, porém, podem ser atingidos e absorvidos pelo pagamento das dívidas quando o monte não for suficiente para liquidar o passivo.
3. Cobrança das dívidas	– Faz-se, em regra, pela habilitação do credor no inventário (CPC, art. 642 e parágrafos), devendo ser requerida antes da liquidação, para possibilitar, se aceita, a inclusão do crédito no passivo do espólio, deduzindo-se-lhe o valor no cálculo do imposto. Pode o credor, todavia, optar pela ação de cobrança ou pela execução contra devedor solvente, se munido de título hábil, requerendo, nesse caso, a penhora no rosto dos autos do inventário. – Mesmo a dívida não vencida pode ser cobrada no inventário, se líquida e certa. Concordando as partes com o pedido, o juiz, ao julgar habilitado o crédito, mandará que se faça separação de bens para o futuro pagamento (CPC, art. 644).

Capítulo IV

DA COLAÇÃO

Colação é o ato pelo qual os herdeiros descendentes que concorrem à sucessão do ascendente comum declaram no inventário as doações que dele em vida receberam, sob pena de sonegados, para que sejam conferidas e igualadas as respectivas legítimas (CC, arts. 2.002 e 2.003). É dever imposto ao herdeiro, pois a doação de ascendentes a descendentes "importa adiantamento do que lhes cabe por herança" (CC, art. 544).

Como regra, a colação é feita em substância, isto é, os bens doados retornam em espécie à massa da herança para ulterior partilha. Excepcionalmente, pode ser feita por estimação, voltando ao monte apenas o seu valor se o donatário já os tiver alienado (CC, arts. 2.003, parágrafo único, e 2.007, § 2º). Dispõe, igualmente, o art. 639 do Código de Processo Civil que o herdeiro obrigado à colação conferirá por termo nos autos ou por petição à qual o termo se reportará os bens que recebeu ou, se já os não possuir, trar-lhes-á o valor. O parágrafo único do mencionado art. 2.003 do Código Civil dispõe que esse valor será o do tempo da liberalidade. Por sua vez, o art. 2.004 preceitua que o valor da colação dos bens será aquele, certo ou estimativo, que lhes atribuir o ato de liberalidade. Na mesma linha, prescreve o § 1º do art. 2.007 que o excesso quanto ao que o doador poderia dispor será apurado com base no valor que os bens doados tinham no momento da liberalidade.

O Código Civil de 1916 também dizia que o valor a ser considerado era o da data da doação (art. 1.792). Posteriormente, o parágrafo único do citado art. 1.014 do Código de Processo Civil de 1973 modificou o critério, determinando que se computasse o valor do bem ao tempo da abertura da sucessão. O novo Código Civil, contudo, como visto, restabeleceu o sistema do diploma anterior.

Se o herdeiro donatário ou o beneficiado com a liberalidade, obrigados à colação, falecerem ou forem excluídos da herança por indignidade ou deserdação, os que vierem à sucessão como seus representantes terão de promover a conferência. O art. 2.009 do Código Civil proclama efetivamente: "Quando os netos, representando os seus pais, sucederem aos avós, serão obrigados a trazer à colação, ainda que não o hajam herdado, o que os pais teriam de conferir". O que renunciou à herança também deve conferir as doações recebidas, repondo a parte inoficiosa (CC, art. 2.008).

O herdeiro obrigado à colação conferirá os bens que recebeu no prazo concedido às partes para falar sobre as primeiras declarações (CPC, art. 639). Se negar o recebimento dos bens ou a obrigação de colacionar, as partes serão ouvidas no prazo comum de quinze dias, decidindo o juiz à vista das alegações e provas produzidas (art. 641). Declarada improcedente a oposição, o herdeiro terá quinze dias para proceder à conferência, sob pena de os bens serem sequestrados por ordem judicial, ou de se imputar em seu quinhão o valor deles, se não os possuir (§ 1º). Se houver matéria de alta indagação, as partes serão remetidas às vias ordinárias (§ 2º). Na partilha, os bens conferidos serão imputados de preferência no quinhão do herdeiro colacionante, se não houver ofensa ao princípio da igualdade.

O doador pode dispensar o donatário da colação. Preceitua, com efeito, o art. 2.005 do Código Civil que "são dispensadas da colação as doações que o testador determinar saiam da parte disponível, contanto que a não excedam, computado o seu valor ao tempo da doação". Se o testador pode deixar a porção disponível a um descendente, pode também beneficiá-lo com a dispensa da colação, desde que o faça expressamente no próprio título constitutivo da liberalidade ou por testamento (art. 2.006). Presume-se imputada na parte disponível a liberalidade feita a descendente que, ao tempo do ato, não seria chamado à sucessão na qualidade de herdeiro necessário (art. 2.005, parágrafo único).

Também não virão à colação os gastos ordinários do ascendente com o descendente, enquanto menor, na sua educação, estudos, sustento, vestuário, tratamento nas enfermidades, enxoval, assim como as despesas de casamento, ou as feitas no interesse de sua defesa em processo-crime (CC, art. 2.010). Tais despesas não constituem liberalidades, mas cumprimento de um dever. Igualmente não estão sujeitas à colação as doações remuneratórias de serviços feitos ao ascendente (art. 2.011).

Cabível, todavia, a colação quanto ao usufruto gratuito, o uso e a habitação cedidos aos filhos, uma vez que constituem hipóteses de doação. Assim, os valores dos rendimentos dos bens do pai ou da mãe de que o herdeiro tinha uso, como os aluguéis do apartamento em que residia gratuitamente, devem vir à colação.

Quadro sinótico – Da colação

1. Conceito	Colação é o ato pelo qual os herdeiros descendentes que concorrem à sucessão do ascendente comum declaram no inventário as doações que dele em vida receberam, sob pena de sonegados, para que sejam conferidas e igualadas as respectivas legítimas (CC, arts. 2.002 e 2.003). Visa a restabelecer a igualdade entre herdeiros legitimários.
2. Modo de efetivação	Como regra, a colação é feita em substância, isto é, os bens doados retornam em espécie à massa da herança para ulterior partilha. Excepcionalmente, pode ser feita por estimação, voltando ao monte apenas o seu valor se o donatário já os tiver alienado (CC, arts. 2.003, parágrafo único, e 2.007, § 2º). O valor da colação será aquele, certo ou estimativo, que lhes atribuir o ato de liberalidade (art. 2.002).
3. Procedimento	O herdeiro obrigado à colação conferirá os bens que recebeu no prazo concedido às partes para falar sobre as primeiras declarações (CPC, art. 639). Se negar o recebimento dos bens ou a obrigação de colacionar, decidirá o juiz, ouvidas as partes, à vista das alegações e provas produzidas (art. 641). Improcedente a oposição, o herdeiro terá cinco dias para proceder à conferência, sob pena de sequestro dos bens, ou de imputação, em seu quinhão, do valor deles, se não os possuir. Se houver matéria de alta indagação, as partes serão remetidas às vias ordinárias (§ 2º).
4. Dispensa da colação	– São dispensadas da colação as doações que o testador determinar saiam da parte disponível, contanto que a não excedam, computado o seu valor ao tempo da doação (CC, art. 2.005). – A dispensa da colação pode ser outorgada pelo doador em testamento, ou no próprio título de liberalidade. – Não virão à colação os gastos ordinários do ascendente com o descendente, enquanto menor, na sua educação, estudos, sustento, vestuário, tratamento nas enfermidades, enxoval, assim como as despesas de casamento, ou as feitas no interesse de sua defesa em processo-crime (art. 2.010). – Igualmente não estão sujeitas à colação as doações remuneratórias de serviços feitos ao ascendente (art. 2.011).

5. Efeitos	– A colação tem por fim igualar, na proporção estabelecida no CC, as legítimas dos descendentes e do cônjuge sobrevivente. – Quando os netos, representando os seus pais, sucederem aos avós, serão obrigados a trazer à colação, ainda que não o hajam herdado, o que os pais teriam de conferir (CC, art. 2.009). – O que renunciou à herança também deve conferir as doações recebidas, repondo a parte inoficiosa (art. 2.008).

Capítulo V

DA PARTILHA

67 INTRODUÇÃO

Terminado o inventário, partilham-se os bens entre os herdeiros e cessionários, separando-se a meação do cônjuge supérstite. Se houver um único herdeiro, faz-se-lhe a adjudicação dos bens. Com a partilha desaparece o caráter transitório da indivisão do acervo hereditário determinada pela abertura da sucessão. A sua natureza é meramente declaratória e não atributiva da propriedade. O herdeiro adquire o domínio e a posse dos bens não em virtude dela, mas por força da abertura da sucessão. A sentença que a homologa retroage os seus efeitos a esse momento (*ex tunc*).

Findo o inventário, o juiz facultará às partes que formulem o pedido de quinhão e, em seguida, proferirá, no prazo de dez dias, o despacho de deliberação da partilha, resolvendo os pedidos das partes e designando os bens que devam constituir quinhão de cada herdeiro e legatário (CPC, art. 647).

68 ESPÉCIES

As partilhas podem ser amigáveis ou judiciais. As primeiras resultam de acordo entre interessados capazes, enquanto as judiciais são aquelas realizadas no processo de inventário quando não há acordo entre os herdeiros ou sempre que um deles seja menor ou incapaz (CC, art. 2.016).

As partilhas amigáveis podem decorrer de ato *inter vivos* ou *post mortem*. A partilha em vida (por ato *inter vivos*) é feita pelo pai ou qualquer ascendente, por escritura pública ou testamento, não podendo prejudicar a legítima dos herdeiros necessários (CC, art. 2.018). Não pode ser efetuada por eventuais herdeiros, visto não ser eficaz contrato que tenha por objeto herança de pessoa viva (art. 426). Trata-se de sucessão ou inventário antecipado, com o objetivo de dispensar os descendentes da feitura do inventário comum ou arrolamento, afastando-se a colação. Pode haver, no entanto, a redução dos quinhões, no caso de ser ofendida a legítima de algum herdeiro. Realizada por testamento, não faz com que os herdeiros percam essa qualidade, representando apenas a concretização do quinhão de cada um. Pode o testador indicar os bens e valores que devem compor os quinhões hereditários, deliberando ele próprio a partilha, que prevalecerá, salvo se o valor dos bens não corresponder às quotas estabelecidas (art. 2.014).

As partilhas amigáveis *post mortem* são feitas no curso do inventário ou do arrolamento, por escritura pública, termo nos autos, ou escrito particular, desde que os herdeiros sejam capazes (CC, art. 2.015). O procedimento será obrigatoriamente judicial se o *de cujus* deixou testamento. Somente neste caso a partilha amigável será homologada pelo juiz. Sempre que os herdeiros maiores concordarem com a partilha amigável e buscarem a via administrativa, a escritura pública de partilha valerá, por si, como título hábil para o registro imobiliário (CPC, art. 610, § 1º). É possível atribuir-se o usufruto à viúva-meeira e a nua propriedade aos herdeiros, em partilha amigável, por termo nos autos, como simples atribuição de partes ideais, sem que tal implique doação (STJ, *RT*, 756:177).

Na partilha judicial, de caráter obrigatório, sempre que os herdeiros divergirem ou se algum deles for menor ou incapaz, as partes formularão pedido de quinhão, e o juiz resolverá as pretensões no despacho de deliberação, que constitui, segundo alguns, uma decisão judicial passível de ser atacada por agravo de instrumento. A jurisprudência dominante, contudo, é em sentido oposto, tendo-o como irrecorrível (*RT*, 506:123; *RJTJSP*, 92:277 e 103:153). O partidor organizará o esboço da partilha de acordo com essa deliberação, observando nos pagamentos a seguinte ordem: **a)** dívidas atendidas; **b)** meação do cônjuge; **c)** meação disponível; **d)** quinhões hereditários, a começar pelo coerdeiro mais velho (CPC, art. 651).

Deve ser observada a maior igualdade possível (CC, art. 2.017). Tal não significa que todos os herdeiros fiquem com uma parte ideal em cada bem. Ao contrário, deve ser evitado, tanto quanto possível, o condomínio. O monte partível é a herança líquida, depois de deduzidos do acervo os legados, o imposto *causa mortis* e as dívidas. Ouvidas as partes sobre o esboço e resolvidas as reclamações, a partilha será lançada nos autos (CPC, art. 652). Pago o imposto de transmissão e juntada aos autos certidão ou informação negativa de dívida para com a Fazenda Pública, o juiz a julgará por sentença (art. 654). A partilha amigável não é julgada por sentença, mas simplesmente homologada.

Transitando em julgado a sentença, receberá o herdeiro os bens que integram o seu quinhão, por meio de um documento denominado formal de partilha, que pode ser substituído por simples certidão do pagamento do quinhão hereditário quando este não exceder cinco vezes o salário mínimo vigente na sede do juízo, nela transcrevendo-se a sentença de partilha transitada em julgado (CPC, art. 655, parágrafo único). O recurso cabível contra a referida sentença é o de apelação.

69 DA ANULAÇÃO E RESCISÃO DA PARTILHA

A partilha pode ser anulada ou rescindida. A amigável, simplesmente homologada, é anulável pelos vícios e defeitos que invalidam, em geral, os atos e negócios jurídicos, como erro, dolo, coação etc., sendo de um ano o prazo para a propositura da ação (CC, art. 2.027 e parágrafo único; CPC, art. 657). Já a judicial, julgada por sentença, é rescindível: **a)** tendo havido erro essencial, dolo, coação ou intervenção de incapaz; **b)** se feita com preterição de formalidades legais; **c)** se preteriu herdeiro ou incluiu quem não seja (CPC, art. 658). A ação rescisória processa-se perante o tribunal, devendo ser ajuizada no prazo de dois anos. Quando a sentença limita-se a julgar os termos do esboço organizado, sem que haja litigiosidade entre os herdeiros, não passa de homologatória, não estando sujeita à rescisória. Esta é reservada às hipóteses de sentença de mérito, com impugnação ao seu conteúdo decisório, em situações como as de partilha contenciosa, direcionamento de quinhões em disputa, exclusão de herdeiros etc. (*RTJ*, 113:273).

Em resumo: para a ação anulatória de partilha amigável, em que a sentença é meramente homologatória, o prazo para o ajuizamento é de um ano. Para a ação rescisória de sentença proferida em partilha judicial, é de dois anos. Terceiros que não participaram direta ou indiretamente do processo em que houve partilha devem ajuizar ação de nulidade da partilha, cumulada com petição de herança, no prazo geral (*RT*, 567:235) de dez anos (CC, art. 205). Decidiu o Supremo Tribunal Federal que a procedência da ação de petição de herança importa nulidade da partilha (*RTJ*, 52:193).

A partilha, ainda depois de passar em julgado a sentença, pode ser emendada nos mesmos autos do inventário, concordando todas as partes, quando tenha havido erro de fato na descrição dos bens; o juiz, de ofício ou a requerimento da parte, poderá, a qualquer tempo, corrigir-lhe as inexatidões materiais (CPC, art. 656). Em geral são formulados simples pedidos de retificação do auto de partilha ou de adjudicação, com o subsequente aditamento do formal ou da carta, se já expedidos.

70 DA SOBREPARTILHA

Ficam sujeitos à sobrepartilha os bens que, por alguma razão, não tenham sido partilhados no processo de inventário. Trata-se de uma complementação da partilha, destinada a suprir omissões desta, especialmente pela descoberta de outros bens. Dispõe o art. 669 do Código de Processo Civil que devem ser sobrepartilhados os bens: **a)** sonegados; **b)** da herança descobertos após a partilha; **c)** litigiosos, assim como os de liquidação difícil ou morosa; e **d)** situados em lugar remoto da sede do juízo onde se processa o inventário.

Se os herdeiros preferirem relegar os bens mencionados nos incisos III e IV do citado art. 669 do estatuto processual à sobrepartilha, ficarão sob a guarda e administração do mesmo inventariante ou de outro que indicarem (parágrafo único). O imposto de transmissão *causa mortis* referente a tais bens será recolhido por ocasião daquela. O art. 2.021 do Código Civil contém disposição semelhante.

Observar-se-á, na sobrepartilha, o processo de inventário e partilha, sendo realizada nos mesmos autos deste (CPC, art. 670).

Pode a sobrepartilha ser feita também pela via extrajudicial, ou seja, por escritura pública. Faz-se a sobrepartilha, assim, pela mesma forma que a partilha, isto é, por outra escritura pública, desde que todos os herdeiros sejam capazes e concordes. Caso haja alguma discordância, a sobrepartilha deverá ser efetuada mediante inventário judicial. Mesmo que o inventário se tenha processado judicialmente, a sobrepartilha poderá ser realizada administrativamente, e vice-versa.

Capítulo VI

DA GARANTIA DOS QUINHÕES HEREDITÁRIOS

Julgada a partilha, fica o direito de cada um dos herdeiros circunscrito aos bens do seu quinhão (CC, art. 2.023). Os coerdeiros são reciprocamente obrigados a indenizar-se no caso de evicção dos bens aquinhoados. Cessa tal obrigação havendo convenção em contrário, e bem assim dando-se a evicção por culpa do evicto, ou por fato posterior à partilha (arts. 2.024 e 2.025).

Capítulo VII

DA ANULAÇÃO DA PARTILHA

O Código Civil de 2002 corrigiu o título do presente capítulo, que se denominava "Da Nulidade da Partilha" no diploma de 1916, passando a chamar-se "Da Anulação da Partilha", por referir-se à eivada de vícios.

Dispõe, com efeito, o art. 2.027 do novo *Codex* que "a partilha, uma vez feita e julgada, só é anulável pelos vícios e defeitos que invalidam, em geral, os negócios jurídicos". Aduz o parágrafo único que "extingue-se em um ano o direito de anular a partilha".

Quadro sinótico – Da partilha

<table>
<tr><td>1. Conceito</td><td colspan="3">Partilha é a divisão judicial do monte líquido, apurado durante o inventário, entre os herdeiros do de cujus e cessionários, separando-se a meação do cônjuge supérstite. Se houver um único herdeiro, faz-se-lhe a adjudicação.</td></tr>
<tr><td rowspan="2">2. Espécies</td><td rowspan="2">Amigável</td><td>Por ato inter vivos</td><td>É feita pelo pai ou qualquer ascendente, por escritura pública ou testamento, não podendo prejudicar a legítima dos herdeiros necessários (CC, art. 2.018). Trata- -se de inventário antecipado, com o objetivo de dispensar os descendentes do inventário comum, afastando-se a colação.</td></tr>
<tr><td>Por ato post mortem</td><td>É feita no curso do inventário ou do arrolamento, por escritura pública, termo nos autos, ou escrito particular, desde que os herdeiros sejam capazes (CC, art. 2.015). O procedimento será obrigatoriamente judicial se o de cujus deixou testamento. Somente neste caso a partilha amigável será homologada pelo juiz.</td></tr>
</table>

<table>
<tr><td rowspan="2">2. Espécies</td><td>Amigável</td><td>Por ato post mortem</td><td>Sempre que os herdeiros maiores concordarem com a partilha amigável e buscarem a via administrativa, a escritura pública de partilha valerá, por si, como título hábil para o registro imobiliário (CPC, art. 610, § 1º).</td></tr>
<tr><td>Judicial</td><td colspan="2">– É obrigatória, sempre que os herdeiros divergirem ou algum deles for menor ou incapaz. As partes formularão pedido de quinhão e o juiz resolverá as pretensões no despacho de deliberação. O partidor organizará a partilha de acordo com essa deliberação.
– Ouvidas as partes sobre o esboço, a partilha será lançada nos autos (CPC, art. 652).
– Pago o imposto de transmissão e juntada aos autos certidão negativa de dívida para com a Fazenda Pública, o juiz a julgará por sentença (art. 654).</td></tr>
<tr><td rowspan="2">3. Anulação e rescisão</td><td>Partilha amigável</td><td colspan="2">É simplesmente homologada e anulável pelos vícios e defeitos que invalidam, em geral, os atos e negócios jurídicos, como erro, dolo, coação etc., sendo de um ano o prazo para a propositura da ação (CC, art. 2.027; CPC, art. 657, parágrafo único).</td></tr>
<tr><td>Partilha judicial</td><td colspan="2">É julgada por sentença e rescindível: a) tendo havido erro essencial, dolo, coação ou intervenção de incapaz; b) se feita com preterição de formalidades legais; c) se preteriu herdeiro ou incluiu quem não o seja (CPC, art. 658). A ação rescisória processa-se perante o tribunal, devendo ser ajuizada no prazo de dois anos.</td></tr>
<tr><td>4. Sobrepartilha</td><td colspan="3">– Ficam sujeitos à sobrepartilha os bens que, por alguma razão, não tenham sido partilhados no processo de inventário, quais sejam: a) os sonegados; b) os da herança que se descobrirem depois da partilha; c) os litigiosos, assim como os de liquidação difícil ou morosa; e d) os situados em lugar remoto da sede do juízo onde se processa o inventário (CPC, art. 669).
– Trata-se de uma complementação da partilha, destinada a suprir omissões desta. Observar-se-á o processo de inventário e partilha, sendo realizada nos mesmos autos deste (CPC, art. 670, parágrafo único).</td></tr>
<tr><td>5. Garantia dos quinhões hereditários</td><td colspan="3">– Julgada a partilha, fica o direito de cada um dos herdeiros circunscrito aos bens do seu quinhão (CC, art. 2.023).
– Os coerdeiros são reciprocamente obrigados a indenizar-se no caso de evicção dos bens aquinhoados. Cessa tal obrigação havendo convenção em contrário, e bem assim dando-se a evicção por culpa do evicto, ou por fato posterior à partilha (arts. 2.024 e 2.025).</td></tr>
</table>